SÍGANME

ESTUDIO BÍBLICO

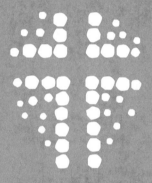

DAVID PLATT

LifeWay Press®
Nashville, Tennessee

Publicado por LifeWay Press®
© 2013 David Platt

ISBN 978-1-415-87814-9
Ítem 005558789

Clasificación Decimal Dewey 248.84
Subdivisión: Discipulado/Vida Cristiana/Jesucristo

A menos que se indique lo contrario, todas las citas se han tomado
de la Santa Biblia, Versión Reina-Valera de 1960, y la Santa
Biblia, Versión Reina Valera Contemporánea ® Propiedad de las
Sociedades Bíblicas Unidas, publicada por Broadman & Holman
Publishers, Nashville TN. Usadas con permiso.

Para ordenar copias adicionales escriba a LifeWay Church
Resources Customer Service, One LifeWay Plaza, Nashville,
TN 37234-0113; FAX 615-251-5933, puede llamar por teléfono
gratis al 1-800-257-7744 o por medio de correo electrónico a
orderentry@lifeway.com también puede ordenarlo online en
www.lifeway.com o puede visitar su librería LifeWay más cercana
o su librería cristiana favorita.

Impreso en Los Estados Unidos de América

Multi-Language Publishing
LifeWay Church Resources
One LifeWay Plaza
Nashville, TN 37234-0135

ÍNDICE

EL AUTOR

El Dr. David Platt, pastor de *The Church at Brook Hills,* está profundamente comprometido con Cristo y con Su Palabra. El primer amor de David en el ministerio es hacer discípulos: el sencillo modelo bíblico de enseñar la Palabra de Dios, capacitar a otros y transmitir la fe. Ha hecho numerosos viajes junto a otros líderes para enseñar la Biblia en iglesias de los Estados Unidos y alrededor del mundo.

David es autor de varios libros, como *Radical, Radical Together*. Es el fundador de Radical (*Radical.net*), un ministerio de recursos dedicado a ayudar a la iglesia a hacer discípulos de todas las naciones.

David y Heather, su esposa, tienen cuatro hijos: Caleb, Joshua, Mara Ruth e Isaiah.

INTRODUCCIÓN

"Síganme". Hace dos mil años Jesús pronunció esta palabra a un grupo de pescadores y ellos respondieron. Lo siguieron y cambiaron el mundo. Hoy, Jesús sigue pronunciando esta invitación. ¿Responderemos? ¿Lo seguiremos?

Este llamado a seguir a Cristo es un llamado inevitable a morir. Esto ha sido evidente desde el comienzo del cristianismo. Los primeros discípulos encontraron en los pasos de Jesús, un camino por el que valía la pena dar la vida. Dos mil años más tarde me pregunto cuántos nos hemos apartado de ese camino.

En algún lugar del recorrido, entre cambios culturales y modas populares en las iglesias, hemos minimizado el abandono total al cual Jesús nos ha llamado. Las iglesias están llenas de personas que se contentan con tener un encuentro casual con Jesús y un cumplimiento superficial de sus mandatos. Se les ha dicho a muchos hombres, mujeres y niños que convertirse en un seguidor de Jesús es simplemente creer ciertas verdades o decir ciertas palabras. Eso no es cierto. El llamado a seguir a Jesús no es solo una invitación a pronunciar una oración, es una convocatoria a dar la vida. Por eso escribí este estudio. En *Radical*, mi libro anterior, mi intención fue exponer ideas que son populares en nuestra sociedad (y en la iglesia) y que, sin embargo, son opuestas al evangelio. Mi objetivo era identificar pensamientos y valores de este mundo que debemos abandonar para seguir a Jesús.

El propósito de este estudio es dar el siguiente paso. Quiero que avancemos desde *qué* cosas vamos a dejar hasta a *quién* debemos aferrarnos. Quiero que exploremos no solo la importancia de lo que debemos abandonar en este mundo, sino también la grandeza de Aquel a quien seguimos porque si morimos a nosotros y vivimos en Él hallaremos un gozo indescriptible, sentiremos una profunda satisfacción y cumpliremos un propósito eterno. ¿Está usted listo para responder al llamado?

CÓMO APROVECHAR ESTE ESTUDIO AL MÁXIMO

1. ASISTA A CADA ESTUDIO DEL GRUPO.
  - **Participe en los debates de los grupos.**
2. COMPLETE EL MATERIAL DE ESTE MANUAL.
  - **Lea las lecciones y complete las actividades de aprendizaje.**
  - **Memorice el versículo bíblico que se sugiere cada semana.**
  - **Sea sincero consigo mismo y con los demás respecto a sus pensamientos, preguntas y experiencias en el estudio y la aplicación del material.**
  - **Pídale a Dios que le manifieste Su verdad en cada tema para tener la confianza.**
3. OBTENGA Y LEA EL LIBRO "SÍGUEME" de David Platt (Tyndale, 2013, ISBN 978-1-4143-7564-9).

EL LLAMADO

Bienvenido al grupo de estudio de *Síganme*. Para conocerse mejor y presentar el tema de *Síganme,* trabaje en grupo escribiendo una oración que defina lo que significa seguir a Cristo y qué implica vivir como un cristiano en la sociedad actual. Utilice las siguientes preguntas para guiar el debate mientras forman esta definición.

¿Qué ideas o imágenes le vienen a la mente cuando escucha la palabra *cristiano*? ¿Por qué?

Describa lo que la mayoría dc los cristianos en la actualidad creen que es su propósito en la vida.

¿Cuáles son los objetivos principales que un cristiano debe esforzarse por alcanzar mientras vive y trabaja en el mundo? Tome nota de la definición final de su grupo.

Un cristiano es:

Lean en voz alta Mateo 4.17-20, RVC:

> **Desde entonces Jesús comenzó a predicar, y decía: "Arrepiéntanse, porque el reino de los cielos se ha acercado." Mientras Jesús caminaba junto al lago de Galilea, vio a dos hermanos, Simón, llamado Pedro, y Andrés, que estaban echando la red al agua, pues eran pescadores. Jesús les dijo: "Síganme, y yo haré de ustedes pescadores de hombres." Ellos entonces, dejando al instante las redes, lo siguieron.**

¿Cómo se considera y se representa a Jesús en la cultura occidental? ¿Cómo se considera y se representa a Jesús en la iglesia? ¿Qué emociones experimenta al oír la palabra evangelismo? ¿Por qué? ¿Está actualmente haciendo discípulos de Jesús? Explique:

Aplicación: Antes de concluir el estudio, haga una lista de cinco personas cercanas a usted que no estén siguiendo a Cristo. Comprométase a orar diariamente por cada una de esas personas durante la semana y pídale al Espíritu Santo que les haga evidente sus pecados y su necesidad de ser salvados.

Lea la semana 1 y complete las actividades antes del siguiente encuentro con su grupo.

> **"Jesús les dijo: 'Síganme, y yo haré de ustedes pescadores de hombre'. Ellos entonces, dejando al instante las redes, lo siguieron". Mateo 4.19-20, RVC.**

Al analizar el transcurso de la historia, podemos identificar una serie de sucesos particularmente críticos que no solo produjeron un impacto en el mundo sino que, básicamente, también cambiaron todo lo que pasaría después. Hoy los llamamos momentos decisivos.

Por ejemplo, la invención de la imprenta en 1436 fue, sin lugar a dudas, un momento decisivo. Gracias a la producción masiva de libros, Johannes Gutenberg fue un instrumento útil tanto para la Reforma Protestante como para la Revolución Científica. De la misma manera, el asesinato del archiduque Francisco Fernando de Austria, en 1914, desencadenó la Primera Guerra Mundial, la cual a su vez generó las condiciones políticas que llevaron a la Segunda Guerra Mundial.

La Biblia registra otro momento decisivo en Mateo 4: el llamado de Jesús a sus primeros discípulos. Fue, en términos relativos, un hecho sencillo. Mientras caminaba junto al mar de Galilea en Israel, Jesús encontró a dos pares de hermanos que eran pescadores. Él les pidió que dejaran lo que estaban haciendo y que lo siguieran como sus discípulos. Ellos respondieron a su llamado y lo siguieron.

Esto realmente fue un momento decisivo para esos cuatro hombres. A partir de entonces sus vidas cambiaron por completo. Pero también fue un momento decisivo en un sentido mucho más amplio porque el impacto de esa decisión aún tiene repercusiones en la historia de la humanidad. Gracias al poder de Dios fueron parte de un movimiento que literalmente cambió el curso de la historia e impactó a millones de personas en los siglos siguientes, incluyéndonos a usted y a mí.

Esta semana haremos énfasis en el momento en que Jesús llamó a sus discípulos y en muchas otras de Sus experiencias y relaciones durante Su ministerio público. Finalmente, hallaremos la respuesta a esta importante pregunta: ¿Qué significa ser un verdadero seguidor de Jesús?

EL LLAMADO

EL PRECIO

Imagine a una mujer llamada Ayan. Es parte de una comunidad que se enorgullece de ser ciento por ciento musulmana. Pertenecer a la tribu de Ayan significa ser musulmana. Su identidad, el honor de su familia, sus relaciones y su estatus social se encuentran inexorablemente ligados al Islam. En pocas palabras, si Ayan abandona su fe, inmediatamente pierde su vida. Si su familia llegara a descubrir que ya no es musulmana, la matarían sin vacilar.

Ahora imagínese una conversación con Ayan acerca de Jesús. Usted comienza diciéndole que Dios la ama tanto que envió a su único Hijo a morir en la cruz por los pecados de ella y para ser su Salvador. Mientras habla, usted puede percibir cómo el corazón de ella se suaviza ante lo que escucha. En ese momento nota que el espíritu de la joven se estremece ante la sola idea del precio que ella tendría que pagar por seguir a Cristo.

Con miedo en sus ojos y fe en su corazón ella lo mira y pregunta: "¿Cómo hago para convertirme en una cristiana?"

¿Cómo respondería a esta pregunta?

¿Ha cambiado su respuesta a esta pregunta durante el transcurso de su vida? ¿Por qué?

En realidad, solo existen dos maneras de responder a la pregunta de Ayan. La primera es decirle cuán sencillo es convertirse en cristiano. Ayan podría ser salva simplemente si estuviera de acuerdo con ciertas verdades y repitiera una determinada oración. Es todo lo que se requiere.

Su segunda opción es decirle la verdad. Puede decirle que Dios, a través del evangelio, la invita a morir. Literalmente. A morir a su vida. A morir a su familia. A morir a sus amigos. A morir a su futuro.

Pero hay más. Al morir, Dios la está llamando a vivir en Jesús como parte de una familia universal que incluye cada tribu, idioma y nación. Él la llama a vivir con amigos de todas las edades. Él la llama a encontrar un futuro donde la felicidad durará para siempre.

¿Cuál de las opciones anteriores usaría usted para presentar el evangelio?

Ayan no es una persona imaginaria. Es una mujer real que hizo la decisión real de convertirse en cristiana para morir a sí misma y vivir en Cristo, sin considerar el precio. Por su decisión, la obligaron a apartarse de su familia y amigos. Pero ahora trabaja de manera estratégica y sacrificada, predicando el evangelio entre su gente.

El precio es alto

¿Qué significa seguir a Cristo de verdad, bíblicamente? ¿Qué significa seguirlo no solo en una comunidad hostil como la de Ayan sino también en un lugar relativamente seguro y cómodo como el país donde residimos? ¿Qué significa conocer a Jesús e identificar la vida de usted con la de Él? En resumen, ¿qué significa ser un cristiano?

Estas son preguntas de vital importancia y abordan algunos de los temas que indagaremos a través de este estudio. Para comenzar, veamos cómo Jesús llamó a sus primeros discípulos:

> **Mientras Jesús caminaba junto al lago de Galilea, vio a dos hermanos, Simón, llamado Pedro, y Andrés, que estaban echando la red al agua, pues eran pescadores. Jesús les dijo: "Síganme, y yo haré de ustedes pescadores de hombres." Ellos entonces, dejando al instante las redes, lo siguieron. Un poco más adelante, Jesús vio a otros dos hermanos, Jacobo y Juan, hijos de Zebedeo, quienes estaban en la barca, junto a su padre, y remendaban sus redes. Jesús los llamó, y ellos, dejando al instante la barca y a su padre, lo siguieron. Mateo 4.18-22, RVC**

¿Qué le pareció más interesante de estos versículos? ¿Por qué?

Creo que sería correcto afirmar que Pedro, Andrés, Jacobo y Juan no entendían por completo en qué se estaban involucrando. No comprendían totalmente que Jesús los animaba a dejar atrás sus profesiones, posesiones, sueños, ambiciones, familias, amigos, bienestar, seguridad y abandonarlo todo para seguirlo.

Sin embargo, después Jesús se aseguró de explicárselos:

> **Entonces Jesús dijo a sus discípulos: *Si alguno quiere venir en pos de mí, niéguese a sí mismo, y tome su cruz, y sígame. Porque todo el que quiera salvar su vida, la perderá; y todo el que pierda su vida por causa de mí, la hallará.* Mateo 16.24-25**

¿Qué significa para una persona negarse a sí misma?

¿Cómo la gente de la época de Jesús interpretaría la expresión "tome su cruz" (v. 24)?

¿Cómo interpretamos esa expresión en la sociedad actual?

En un mundo donde todo gira en torno a uno mismo escuchamos: protéjase, promuévase, presérvese, cuídese, pero Jesús dijo: "Sacrifíquese". Y eso fue exactamente lo que sucedió. Según las Escrituras y la tradición, esos cuatro pescadores pagaron un alto precio por seguir a Jesús. Colgaron a Pedro con la cabeza hacia abajo en una cruz, crucificaron a Andrés en Grecia, decapitaron a Jacobo y exiliaron a Juan.

Sin lugar a duda, el precio por seguir a Jesús es alto. Ya sea que vivamos en el norte de África o en Beverly Hills, convertirse en cristiano significa perder nuestra vida.

¿Cuál es su experiencia con el alto precio de seguir a Jesús?

La recompensa lo vale

Pedro, Andrés, Jacobo y Juan creyeron que seguir a Jesús valía ese alto precio, incluso la pérdida de su libertad y hasta perder la vida. ¿Por qué? Porque habían recibido a Jesús. Cambiaron su vida por la de Él y los frutos de ese cambio fueron absolutamente a su favor. Estos hombres descubrieron en Jesús un amor que superaba toda comprensión, una satisfacción que sobrepasaba las circunstancias y un propósito que trascendía cualquier cosa que fuera posible desear en este mundo. Con fervor, disposición y agrado, ellos dieron su vida con el fin de conocer, seguir y proclamar a Cristo.

¿Puede decirse lo mismo de usted y de mí? Esta es otra pregunta que debemos responder en este estudio.

¿Qué beneficios ha recibido de su relación con Cristo? Escriba los tres que considere más valiosos.

1.

2.

3.

Le invito a iniciar juntos un viaje por las páginas siguientes. No afirmo tener todas las respuestas, ni entiendo todo lo que implica seguir a Jesús. Sin embargo, en una época donde la sociedad y los malentendidos en la iglesia corrompen los fundamentos de lo que implica convertirse y ser un cristiano, la Biblia deja en claro que seguir a Jesús precisa algo más que la rutinaria religión que nos vemos tentados a asumir.

¿Qué espera usted aprender o experimentar acerca de seguir a Jesús mientras participa en este estudio?

Estoy convencido de que si tomamos con seriedad lo que realmente Jesús quiso expresar cuando dijo: "Síganme", descubriremos que en Él podemos sentir mucha más satisfacción que en cualquier otra cosa. En Cristo tenemos un poder indescriptible y podemos alcanzar un propósito mayor que cualquier otro que el mundo ofrezca.

En consecuencia, todos los cristianos podemos ser libres para elegir perder nuestras vidas con avidez, disposición y agrado para poder conocer y proclamar a Cristo.

ESO ES LO QUE SIGNIFICA SEGUIRLO A ÉL.

NO INVITE A JESÚS A SU CORAZÓN

Nunca voy a olvidar el día en que recibí un correo electrónico de nuestra agencia de adopción con la foto de un niño pequeño. Tenía nueve meses de edad y lo abandonaron al nacer. Necesitaba un hogar, una mamá y un papá. Imprimí la foto y corrí a mostrársela a Heather. Ambos reímos, lloramos, nos regocijamos, oramos y, dos semanas más tarde, estábamos en un avión camino a Kazajstán.

Llegamos un día después del día de San Valentín del año 2006, y de inmediato nos llevaron al orfanato. El director nos estaba transmitiendo toda clase de información médica cuando sucedió: una mujer dio vuelta a la esquina con un precioso niño de diez meses en los brazos. No hay palabras para describir la oleada de emociones que se sintieron en aquella habitación mientras la mujer nos lo entregaba y Caleb Platt miraba por primera vez a los ojos de una mamá y un papá.

Nos quedamos cuatro semanas en Kazajstán, sosteniendo en los brazos a nuestro hijo, alimentándolo, cantándole, riendo y gateando en el suelo con él. Finalmente, nos presentamos ante un juez y escuchamos aquellas maravillosas palabras: "Les concedo el pedido de adopción y este niño ahora pertenece a David y Heather Platt".

¿Qué palabras o imágenes vienen a su mente cuando escucha la palabra adopción?

La búsqueda correcta

Existen muchos paralelos entre la historia de Caleb y el evangelio, pero quiero señalar uno particularmente importante. Una adopción comienza con la iniciativa de un padre, no la del niño. Nuestro bebé no nos invitó a ir a Kazajstán para hacerlo parte de nuestra familia porque ni siquiera sabía cómo pedir tal cosa. No, este niño huérfano se convirtió en nuestro querido hijo por un amor que estaba más allá de su imaginación y absolutamente fuera de su control. Caleb no nos buscó, ya que era totalmente incapaz de hacerlo, si no que nosotros lo buscamos a él.

Esta es la esencia del cristianismo y somos propensos a pasarla por alto si describimos lo que significa convertirse en cristiano como "invitar a Jesús a tu corazón". No nos volvemos seguidores de Cristo buscándolo ni invitándolo a que haga nada, ya que por causa de nuestro pecado somos totalmente incapaces de hacerlo. En cambio, nos convertimos en cristianos cuando Cristo nos busca y nos invita a seguirlo.

¿Cuál es su reacción al párrafo anterior? ¿Por qué?

Jesús lo aclaró bien cuando habló a sus discípulos en la última cena:

> **"No me elegisteis vosotros a mí, sino que yo os elegí a vosotros, y os he puesto para que vayáis y llevéis fruto, y vuestro fruto permanezca; para que todo lo que pidiereis al Padre en mi nombre, él os lo dé. Esto os mando: Que os améis unos a otros". Juan 15.16-17**

¿Qué emociones experimentó al leer estos versículos? ¿Por qué?

¿Qué quiere decir "yo os elegí a vosotros, y os he puesto para que vayáis y llevéis fruto"?

A veces suelo preguntarle a la gente: "¿Cómo sabe usted que es cristiano?" o "¿Cómo sabe que sus pecados están perdonados?" Las respuestas más comunes que oigo de quienes dicen ser cristianos son: "Porque yo decidí confiar en Jesús", "Porque hace muchos años yo oré y pedí a Jesús que entrase en mi corazón", o incluso: "Porque yo entregué mi vida a Jesús".

Note cómo cada respuesta comienza con las palabras: "Porque yo...". Estas respuestas no están mal y le aseguro que mi objetivo no es ponerme a juzgar expresiones, pero sí quiero ofrecerle lo que espero sea un sano recordatorio de que usted y yo no somos salvos primordialmente por lo que hace unos años nosotros decidimos hacer. Sino que en última instancia, estamos libres de las consecuencias de nuestro pecado porque hace dos mil años Jesús decidió hacer algo. Y porque debido a Su gracia, Su misericordia y Su amor manifestados en venir a nosotros, pecadores totalmente incapaces de salvarnos a nosotros mismos, fuimos invitados a seguirlo.

En otras palabras, el amor de Dios en la vida y la muerte de Jesucristo es la única base para la auténtica salvación.

En el pasado, ¿pensó en su salvación como algo que hizo usted o como algo que hizo Jesús? ¿Por qué?

La increíble gracia de Dios

Tal vez se esté preguntando si estas distinciones en realidad importan: ¿Es realmente importante especificar que Cristo *nos eligió a nosotros y no* al revés? ¿Realmente existe una diferencia si adaptamos así nuestro *entendimiento*?

La respuesta a estas preguntas es sí. Importa que comprendamos lo que Cristo hizo por nosotros. Es importante. Y es importante debido a nuestro pecado.

¿Qué ideas o imágenes vienen a su mente cuando escucha la palabra *pecado*?

Hace mucho tiempo que en la iglesia nos hemos convencido a nosotros mismos que somos personas básicamente buenas que en ocasiones tomamos malas decisiones. Ya sea que hayamos mentido, engañado, robado o usado el nombre de Dios en vano, simplemente nos decimos que todos cometemos errores. Y la solución es fácil: solo invite a Jesús a su corazón y Él lo perdonará de todas estas cosas antes de que usted pueda decir: "Amén".

Este modo de pensar es incorrecto. En esencia, somos enemigos de Dios y carecemos del verdadero deseo de conocerlo. Somos totalmente incapaces de acudir a Cristo porque estamos concentrados por completo en huir del Padre. Eso significa ser pecador. Y si usted cree que exagero un poco, vea el testimonio de la Palabra de Dios:

- En nuestro pecado, nos hemos alejado de Dios y somos hostiles (Colosenses 1.21).

- Somos esclavos de nuestro pecado (Juan 8.34) y cautivos del diablo (2 Timoteo 2.26).

- Amamos la oscuridad y aborrecemos la luz (Juan 3.20; Efesios 4.18).

- Vivimos en impureza e iniquidad (Romanos 6.19).

- Nuestra mente es depravada (Romanos 1.28) y está cegada por el dios de este mundo (2 Corintios 4.4).

- Nuestras emociones están trastornadas, nuestra naturaleza es pecaminosa (Romanos 1.26) y las perversas pasiones de nuestra mente batallan contra nuestra alma (1 Pedro 2.11).

- Nuestro cuerpo está contaminado (Romanos 1.24), somos moralmente perversos (Génesis 8.21) y nuestro espíritu está enfermo (Mateo 9.12).

¿Cómo ha visto estas verdades expresadas en su vida?

Lea los siguientes pasajes de las Escrituras y anote lo que enseñan sobre nuestra condición pecaminosa.

Isaías 64.6-7

Romanos 3.9-18

Efesios 2.1-3

Debemos entender que como seres humanos somos inmundos por causa de nuestra naturaleza pecaminosa. Somos totalmente repulsivos para nuestro perfecto Creador. Y aun así, nuestro perfecto Creador decidió salvarnos de todos modos. Es más… ¡Él nos anhela! ¡Desea que seamos Sus hijos!

Antes de ser salvos, todos estábamos muertos en nuestras transgresiones. Sin signos vitales ni esperanza de ninguna clase de bendición por toda la eternidad. Sin embargo, Dios movió cielo y tierra para ofrecernos vida eterna. Dio Su propia vida para rescatarnos, darnos vida y hacernos suyos. Ese es el mensaje del evangelio.

¿Se da cuenta de por qué la idea de invitar casualmente a Jesús a venir a nuestra vida es contraria al mensaje del evangelio? ¿Y se da cuenta por qué debemos tener una adecuada comprensión de nuestra situación para poder apreciar y adorar a nuestro Rey como es debido?

¿Cuáles son las maneras adecuadas de describir la salvación?

¿Refleja su vida un auténtico aprecio por la increíble gracia que recibió? ¿Por qué o por qué no?

Quizá ahora se esté preguntando si nosotros, los seres humanos, tenemos alguna participación en el proceso de la salvación: *Seguramente debemos creer y recibir ese amor de Dios que nos busca. Dios no es el único que obra en la salvación. Debemos elegir si vamos a aceptar o a rechazar la misericordia de Dios en Cristo, ¿verdad?*

Absolutamente. El misterio de la misericordia de Dios no niega la responsabilidad de la persona en su salvación. Todo este estudio bíblico se desarrolla en torno a la decisión que cada uno de nosotros hacemos de seguir a Jesús.

Sin embargo, en última instancia, ser cristiano significa que Dios nos ama, Dios nos busca y Dios nos halla. Ser cristiano es reconocer que por causa de su pecado usted está separado de la presencia de Dios y no merece más que Su ira.

SIN EMBARGO, A PESAR DE ESTAR EN OSCURIDAD Y SIN VIDA,

SU LUZ BRILLÓ SOBRE USTED

Y LE HABLÓ INVITÁNDOLO A SEGUIRLO.

ENTENDER LA SALVACIÓN

Tengo un amigo (llamémosle Juan) cuya primera experiencia con el concepto del infierno fue cuando era pequeño mientras veía un episodio del dibujo animado infantil "Tom y Jerry". En una escena, especialmente vívida, envían a Tom al infierno por algo malo que le hizo a Jerry. Lo que tenía intención de ser una caricatura humorística terminó dando un susto mortal a Juan quien, al día siguiente, se encontró en la iglesia hablando con un hombre sobre lo que había visto.

El miembro de la iglesia miró a Juan y le dijo: Bueno, no quieres ir al infierno, ¿verdad?

—No —respondió Juan.

—Muy bien, entonces —dijo el hombre— haz esta oración conmigo: "Querido Jesús...".

Pero Juan no dijo nada. Después de un incómodo silencio se dio cuenta que debía repetir lo que decía el hombre. Así que respondió vacilante: Querido Jesús...

—Sé que soy un pecador y que Jesús murió en una cruz por mis pecados... —continuó el hombre y Juan repitió sus palabras—. Te pido que entres en mi corazón y me limpies de mi maldad —dijo el hombre y nuevamente Juan repitió lo escuchado.

—Amén —concluyó. Luego el hombre miró a Juan y le dijo: "Hijo, eres salvo de tus pecados y ya no tienes que volver a preocuparte por el infierno".

¿Qué emociones experimentó al leer esta conversación? ¿Por qué?

Lejos de mí

Lo que ese hombre le dijo a mi amigo en la iglesia no es cierto. Esto, con toda seguridad, no es lo que significa responder a la invitación que Jesús nos hace a seguirlo. Y, sin embargo, año tras año se repite este tipo de conversación en las iglesias.

¿No debiera alarmarnos que estos caminos simplistas que pretenden conocer al cristianismo no se encuentren en la Palabra de Dios? Acaso nosotros, los que seguimos a Cristo, ¿no debiera preocuparnos que las Escrituras no contengan ejemplos de personas pidiendo a Jesús que entre en su corazón ni recitando una oración para ser salvos?

Sin embargo, miles de personas que profesan ser cristianas han sido instadas a hacer exactamente esto. Peor aún les aseguraron que siempre que pidan a Jesús que entre en su corazón, lo inviten a su vida, digan una oración, alcen su mano, firmen una tarjeta o pasen al frente, serán cristianos y su salvación eterna estará asegurada.

Eso es una mentira. Con buenas intenciones y un sincero deseo de alcanzar a la mayor cantidad de personas para Cristo, hemos minimizado engañosamente la magnitud de lo que significa seguir a Jesús. Como resultado, en este momento miles de hombres y mujeres se creen salvos de sus pecados cuando no lo son. Montones de personas alrededor del mundo se identifican culturalmente como cristianos cuando, bíblicamente, no lo son.

¿Cuál es su reacción a las afirmaciones previas? ¿Por qué?

¿Qué evidencias ha visto usted que apoyen la idea de que muchas personas que profesan ser cristianos en realidad no siguen a Jesús?

Estoy consciente de que estas afirmaciones pueden sorprender a muchas personas e incluso hasta resultar ofensivas. Tal vez se esté preguntando: *¿Es posible que una persona profese ser cristiano sin conocer de verdad a Cristo? ¿Acaso una gran cantidad de personas pueden ignorar por completo su propia condición espiritual?*

Le aseguro que la respuesta a esas preguntas es sí. No tiene que confiar en mi palabra, solo escuche las de Jesús:

> **"No todo el que me dice: Señor, Señor, entrará en el reino de los cielos, sino el que hace la voluntad de mi Padre que está en los cielos. Muchos me dirán en aquel día: Señor, Señor, ¿no profetizamos en tu nombre, y en tu nombre echamos fuera demonios, y en tu nombre hicimos muchos milagros? Y entonces les declararé: Nunca os conocí; apartaos de mí, hacedores de maldad". Mateo 7.21-23**

¿Qué efectos tienen en usted estos versículos? ¿Por qué?

Todas las personas son propensas al engaño espiritual, incluso usted y yo. Lo que tenemos que entender es que en Mateo 7 Jesús no hablaba de los de afuera. No hablaba sobre los ateos, los asesinos o las personas que se rebelan por completo al mensaje del evangelio. No, hablaba de la gente religiosa. Hablaba acerca de personas buenas que se asocian a Él superficialmente y hacen cosas buenas, incluso hasta el extremo de expulsar demonios y hacer milagros. Pero no conocen a Jesús.

¿Qué clase de actividades suele asociar nuestra sociedad con prácticas y conductas cristianas?

Es posible aparentar una vida cristiana sin ser verdaderamente un cristiano y sin experimentar la salvación. Esto debiera asustarnos en diversos aspectos. Encaremos el problema haciendo hincapié en una relación genuina con Cristo, en lo que sucede cuando las personas realmente experimentan la salvación. ¿Qué apariencia tienen las personas que se niegan a sí mismas y hallan una nueva vida como seguidores de Jesús? ¿Qué evidencia queda de esa transición espiritual?

Podemos responder esas preguntas examinando las experiencias de los primeros discípulos de Jesús. Al hacerlo, hay dos palabras que se destacan: *arrepentimiento* y *renuncia*.

Arrepentimiento

Ya hemos visto la forma en que Jesús llamó a Sus primeros discípulos en Mateo 4.18-22. Pero, si retrocedemos al versículo anterior, veremos las primeras palabras del ministerio público de Jesús en la tierra: "Desde entonces comenzó Jesús a predicar, y a decir: 'Arrepentíos, porque el reino de los cielos se ha acercado'" (Mateo 4.17).

Es interesante que durante Su ministerio público la primera palabra que salió de la boca de Jesús fue: "Arrepentíos". Lo mismo se repite con Juan el Bautista y Pedro, quienes predicaron un mensaje de arrepentimiento en su primer sermón cristiano luego de tener la plenitud del Espíritu Santo en Pentecostés.

¿Qué ideas o imágenes llegan a su mente cuando escucha la palabra *arrepentirse*? ¿Por qué? Lea los siguientes pasajes y anote qué enseñan sobre el *arrepentimiento*.

Mateo 3.1-12

Hechos 2.36-41

El *arrepentimiento* es un término bíblico importante que representa una transformación fundamental en la mente, el corazón y la vida de una persona. Cuando la gente se arrepiente, pasa de caminar en una dirección a correr en sentido opuesto. De ahí en lo adelante la persona piensa diferente, cree diferente, siente diferente, ama diferente y vive de manera diferente.

¿Cómo cambió su vida como resultado de seguir a Jesús?

¿Se ha arrepentido a conciencia de su rebelión contra Dios? Explique.

Básicamente, arrepentirse implica renunciar a su antiguo modo de vida para cambiarlo por una nueva forma de vivir.

Renuncia

Las definiciones en el diccionario de la palabra *renuncia* incluyen: "dimisión o dejación voluntaria" y "privarse o prescindir".[1] Renunciar a algo es una acción fuerte y decisiva. El término conlleva el peso de la finalidad. Eso es precisamente lo que Jesús quiso decir a Sus discípulos cuando pronunció estas palabras: "Así, pues, cualquiera de vosotros que no renuncia a todo lo que posee, no puede ser mi discípulo" (Lucas 14.33).

Contrario a lo que muchos piensan hoy, Jesús no hablaba metafóricamente ni estaba exagerando al hacer esta declaración. Él hablaba en serio: para poder seguirlo debemos renunciar, voluntariamente, al control de cada aspecto de nuestra vida. Eso incluye nuestras posesiones, nuestra comodidad, nuestra carrera, nuestra familia, nuestra posición social, nuestro pecado y hasta nosotros mismos.

Esto es lo que Jesús pidió a Sus discípulos y hoy nos pide a nosotros.

Vuelva a leer Mateo 4.18-22. Anote tres cosas a las que Pedro, Andrés, Jacobo y Juan debieron renunciar para seguir a Jesús.

1.

2.

3.

Algunas personas de la iglesia "venden" la idea de que ser un cristiano es tomar una decisión o pronunciar una oración y conservar todos los detalles, las prioridades y las actividades de su vida. No compre esta idea. No crea tal mentira.

Convertirse en cristiano es perder su vida como la conoce, negarse a sí mismo, tomar su cruz y seguir a Jesús. Y seguir a Jesús es valorar lo que Él valora, ir donde Él manda y hacer lo que Él ordena. Estas son algunas de las evidencias más básicas de la vida de un discípulo de Jesús.

¿Dónde ve reflejadas estas primeras evidencias en su vida?

¿A qué ha renunciado por seguir a Jesús?

Mañana veremos algo que yo considero una obligación para seguir a Jesús:

ALGO A LO QUE ME REFIERO COMO

REGENERACIÓN SOBRENATURAL.

UNA NUEVA CREACIÓN

En un viaje reciente a la India tuve la oportunidad de trabajar durante varios días con cuatro comunidades religiosas diferentes. Resultó ser una experiencia esclarecedora. Recuerdo que me paré frente al río Ganges, que los hindúes consideran como un cuerpo de agua sagrada. Observé cómo las multitudes se bañaban en el río para limpiar sus pecados. Y también cómo algunos esparcían en el agua las cenizas de sus seres queridos con la certeza de que esto les aseguraba la salvación instantánea.

Recuerdo que en otra región escuché unos altoparlantes convocando a los musulmanes a orar cinco veces al día. Las personas responden a estos llamados presentándose en las mezquitas y completando una serie de oraciones en las que deben inclinarse con las manos en las rodillas, tocar el suelo con la frente y luego volver a ponerse de pie.

También me acuerdo que visité el centro de entrenamiento para budistas tibetanos donde más de quinientos monjes viven juntos frente a dos grandes templos. Por donde quiera que miraba veía personas inclinándose ante estatuas de oro, caminando en círculos mientras recitaban mantras y haciendo girar ruedas de oración.

Recuerdo que en nuestra última noche en India visitamos la comunidad sijista. Como tienen prohibido cortarse el pelo, los hombres usan turbantes de diversos colores y las mujeres cubren su cabeza. Observé cómo las personas ingresaban al templo y se inclinaban ante las escrituras sijistas, conocidas como Guru Granth Sahib.

¿Qué experiencia tiene usted con otras creencias religiosas fuera del cristianismo?

¿Cuál cree que es la principal diferencia entre el cristianismo y las demás religiones?

Mientras recordaba mis encuentros con estas cuatro grandes religiones del mundo me di cuenta que todas tenían un denominador común: en toda religión hay un maestro (o varios maestros) que marcan ciertos pasos a seguir para honrar a Dios (o a varios dioses) y obtener la salvación (según se considere esto en cada religión).

En el hinduismo, los antiguos maestros dejaron tradiciones védicas que describen ritos y rituales para que los hindúes realizaran. En el islamismo, Mahoma estableció en el Corán cinco pilares que los musulmanes deben practicar. En el budismo, el camino óctuple de Buda es solo una de las cuatro nobles verdades que enseñó, junto con cientos de reglas que los budistas deben seguir. En el sijismo, diez gurús seleccionaron un cuerpo de enseñanzas como el camino rumbo a la verdad y a la vida.

El cristianismo es radicalmente distinto a cualquier otro sistema religioso del mundo. Y la raíz de esta diferencia es el rechazo de la religión superficial por la regeneración sobrenatural. Debemos entender esta diferencia para poder ser verdaderos discípulos de Jesucristo.

La religión superficial

El cristianismo es único entre las demás religiones del mundo porque cuando Jesús apareció en la historia de la humanidad y empezó a llamar seguidores, no dijo: "Cumplan determinadas reglas. Atiendan ciertas regulaciones específicas. Hagan tales rituales. Sigan un camino en particular".

No. Él dijo: "Síganme".

Con esta simple palabra Jesús dejó en claro que su objetivo principal no era instruir a sus discípulos en una religión recomendada. Al contrario, su propósito era invitarlos a tener una relación personal. Él no les dijo: "Vengan por aquí para encontrar la verdad y la vida", sino: "Yo soy el camino, y la verdad, y la vida" (Juan 14.6). El llamado de Jesús fue: "Vengan a *Mí*. Hallen en *Mí* descanso para su alma. Hallen en *Mí* gozo para su corazón. Hallen en *Mí* un propósito para su vida".

Este llamado impactante y totalmente revolucionario es el fundamento de lo que significa ser un discípulo de Jesús. No fuimos llamados solo para creer en ciertas cosas y cumplir ciertos principios, sino para aferrarnos a la Persona de Cristo como a la vida misma.

¿Cuál es su reacción a las afirmaciones previas? ¿Por qué?

¿Siente que tiene una relación personal con Jesús? ¿Por qué?

Me temo que la iglesia moderna ha pasado por alto esta diferencia. De muchos modos y en muchos lugares hemos relegado al cristianismo como otra opción en la larga lista de religiones. Los hindúes se bañan en el río Ganges; los cristianos son bautizados en la iglesia. Los musulmanes van a rendir culto los viernes; los cristianos lo hacen los domingos. Los budistas recitan mantras; los cristianos cantan coros. Los sijistas leen su libro sagrado y comparten con el necesitado; los cristianos leen su Biblia y dan a los pobres.

Por favor, no me mal interprete: definitivamente no estoy diciendo que los cristianos no deban bautizarse, cantar alabanzas, leer la Biblia o servir a los pobres. Lo que digo es que si no somos cuidadosos, cualquiera de nosotros podría hacer todas estas cosas totalmente apartado de Jesús. Sutilmente y poco a poco podríamos permitir que el cristianismo se convirtiera en un simple conjunto de reglas, regulaciones, prácticas y principios como cualquier otra religión superficial.

Como miembro de una iglesia, ¿cómo lo han llevado a seguir normas y regulaciones?

¿Alguna vez creyó que su cristianismo consiste en una lista de verdades que creer y cosas que hacer? Meditación personal, tiempos de oración, estudiar la Biblia, grupos pequeños, servicio y el evangelismo en medio de todo, ¿cree que seguir a Jesús mayormente implica obligaciones y un mínimo de diversión?

¿Cómo responde a las preguntas anteriores?

La maldición de una religión superficial es la presión constante de hacer cosas externas sin una transformación interior, y eso es agotador. Sé que es agotador. Y lo que es más importante: Jesús sabe que es agotador. Y nos invita a algo mejor:

> **Venid a mí todos los que estáis trabajados y cargados, y yo os haré descansar. Llevad mi yugo sobre vosotros, y aprended de mí, que soy manso y humilde de corazón; y hallaréis descanso para vuestras almas; porque mi yugo es fácil, y ligera mi carga. Mateo 11.28-30**

¿Qué sintió al leer estos versículos? ¿Por qué?

Vivimos en un mundo donde algún maestro religioso siempre va a decir: "Debes intentarlo mejor, trabajar con más ahínco, hacer más, ser mejor". Pero Jesús no. Él ofrece una carga que es ligera. Ofrece descanso. No obstante, la única forma de recibir ese descanso es rechazar la religión superficial y mirar a Dios para trabajar en la regeneración sobrenatural.

Regeneración sobrenatural

Si hubo alguien que entendió los rigores y las presiones de una religión superficial, ese fue Nicodemo. Preparado como un maestro de la ley y un líder del pueblo de Dios, Nicodemo era como muchos de los cristianos profesantes de hoy en día: hasta cierto punto creía en Jesús y lo respetaba mientras que al mismo tiempo organizaba su vida según los mandamientos de las Escrituras. Oraba e iba a adorar. Leía y enseñaba la Biblia. Vivía una vida buena, decente y moral.

Para Nicodemo todo estaba bien exteriormente, pero en el interior algo andaba mal. A pesar de todas las cosas religiosas que hacía, no tenía vida espiritual. Estaba vacío. Afortunadamente, se acercó a Jesús buscando esa vida espiritual.

La respuesta que Jesús le dio a Nicodemo al principio fue desconcertante. Él dijo: "De cierto, de cierto te digo, que el que no naciere de nuevo, no puede ver el reino de Dios" (Juan 3.3). Unos versículos más adelante Jesús aclaró: "De cierto, de cierto te digo, que el que no naciere de agua y del Espíritu, no puede entrar en el reino de Dios" (v. 5).

¿Qué imagen o ideas vienen a su mente cuando escucha la expresión "nacer de nuevo"? ¿Por qué?

La frase "naciere de agua y del Espíritu" es clave para comprender lo que Jesús estaba diciendo, porque hace referencia a un pasaje importante del Antiguo Testamento:

> **Esparciré sobre vosotros agua limpia, y seréis limpiados de todas vuestras inmundicias; y de todos vuestros ídolos os limpiaré. Os daré corazón nuevo, y pondré espíritu nuevo dentro de vosotros; y quitaré de vuestra carne el corazón de piedra, y os daré un corazón de carne. Y pondré dentro de vosotros mi Espíritu, y haré que andéis en mis estatutos, y guardéis mis preceptos, y los pongáis por obra. Ezequiel 36.25-27**

¿Qué imágenes o frases de estos versículos le parecen más interesantes? ¿Por qué?

¿Qué relación tienen estos versículos con lo que Jesús le dijo a Nicodemo?

Lo que Ezequiel escribió es exactamente lo que Jesús vino a hacer. Vino a limpiarnos de nuestros pecados a través de Su sacrificio en la cruz; para lavarnos con "agua limpia" (v. 25). Y al hacerlo, nos dio algo infinitamente más valioso: un corazón nuevo. ¡Nacimos de nuevo! Él nos da Su Espíritu para que viva en nosotros y nos cambie desde adentro. Esto significa experimentar una regeneración sobrenatural.

Por esto Pablo escribió en 2 Corintios 5.17 estas palabras alegres y entusiastas: "De modo que si alguno está en Cristo, nueva criatura es; las cosas viejas pasaron; he aquí todas son hechas nuevas".

Y es también por esto que la Biblia nos enseña que solo la fe depositada en Cristo, y en nadie más, es la única manera de ser libres del pecado. La fe es lo contrario a las obras. Es la certeza de que no hay nada que podamos hacer para salvarnos, excepto confiar en lo que Jesús hizo por nosotros a través de Su vida, muerte y resurrección.

¿Ha experimentado una regeneración sobrenatural? ¿Cómo lo sabe?

La regeneración sobrenatural es la esencia del llamado a seguirle que Jesús nos hace. Cuando usted se convierte en cristiano, muere y Jesús pasa a ser su vida. Yo diría, parafraseando a Pablo: "Usted murió con Cristo y ya no está vivo. Ahora Cristo vive en usted y la única manera de vivir es teniendo fe en Él" (Gálatas 2.20, paráfrasis del autor). En otras palabras, Jesús murió por usted para poder vivir en usted.

JESÚS NO SE LIMITA A MEJORAR SU ANTIGUA NATURALEZA; LE CONFIERE UNA NATURALEZA COMPLETAMENTE NUEVA, UNA NATURALEZA ESPIRITUAL QUE ESTÁ COMPLETAMENTE UNIDA A LA DE ÉL.

HAZ DISCÍPULOS

Durante esta semana hemos explorado lo que significa ser un discípulo de Jesucristo. Hemos visto varias pruebas que podemos usar para confirmar si verdaderamente seguimos a Jesús o si lo que hacemos es seguir los pasos del cristianismo cultural.

Hemos visto, por ejemplo, que el arrepentimiento es el primer paso esencial para todos los cristianos que dejan el camino de la rebelión contra Dios y eligen seguir a Cristo. Los discípulos de Jesús también deben renunciar a su comodidad, su carrera, sus posesiones, su familia e incluso a sí mismos. También vimos que los verdaderos cristianos experimentaron una regeneración sobrenatural, cambiaron desde adentro en vez de conformarse con las creencias y los comportamientos superficiales. Hoy quiero examinar la última prueba de lo que significa ser un verdadero seguidor de Jesús: la realidad de que los genuinos discípulos de Cristo están sobrenaturalmente impulsados a hacer más discípulos para Él.

Pescadores de hombres

A través de los años he tenido el privilegio de conocer a muchas personas de distintos lugares que rechazaron la religión superficial de su cultura y experimentaron una regeneración sobrenatural. Es maravilloso escuchar sus historias y ver cómo la fidelidad de Dios triunfa una y otra vez.

Por ejemplo, a menudo recuerdo a Abid, un médico que vive en la isla menos evangelizada del mundo. Abid proviene de una familia musulmana muy rica y extremadamente devota. Siete veces hizo un santo peregrinaje a la Meca como parte de sus intentos por hallar, a través del Islam, un propósito en la vida. Pero, por la gracia de Dios, Abid se encontró con misioneros cristianos que le transmitieron el mensaje del evangelio. Al oír de Cristo, Abid experimentó una paz que no había encontrado durante toda su vida en el Islam. Finalmente se convirtió en un seguidor de Jesús.

El precio fue altísimo. En cuanto su familia se enteró de su conversión lo ataron y lo golpearon. Su esposa lo dejó, sus hijos lo abandonaron, perdió su licencia médica y hoy vive bajo una constante amenaza de muerte de parte de sus muchos familiares.

No obstante, la mente de Abid no está ocupada en estas cosas. Está pensando en ayudar a otros a encontrar la alegría y el propósito con los que él fue bendecido. Cuando fue salvo, Abid pidió a Dios que lo usara para transmitir el evangelio a mil personas durante su primer año como cristiano. Al final del primer año, Dios le había dado la oportunidad de llevar las buenas nuevas de Su gracia en Cristo a más de cuatro mil personas.

Todavía Abid sufre persecución, pero él sigue adelante. Realmente parece que nada puede evitar que él haga discípulos.

Resuma su experiencia con el evangelismo y el discipulado en los últimos años.

¿Esas experiencias han sido mayormente positivas o negativas? ¿Por qué?

Las experiencias de Abid son la continuación del llamado que hizo Jesús a Sus primeros discípulos en Mateo 4. Esto es así, no solo porque Abid se ocupa de hacer discípulos, sino también porque su trabajo es el resultado de haber tenido un profundo cambio en Jesucristo.

Vuelva a leer las palabras de Jesús a aquellos primeros discípulos: "Venid en pos de mí, *y os haré pescadores de hombres*" (Mateo 4.19, énfasis del autor). Fíjese que Jesús no dijo que los llamaría para que fueran pescadores de hombres, no dijo que les enseñaría técnicas para evangelizar ni cómo ser modelos a imitar. No, Él dijo que los *haría* pescadores de hombres. Los mandamientos que les daría solo podrían cumplirse por la obra que Él haría *en* ellos.

Y así sucedió. Durante los años siguientes Jesús transformó cada aspecto de la vida de sus discípulos: sus pensamientos, sus deseos, su voluntad, sus relaciones y, por último, su razón para vivir. No es sorprendente que el libro de Mateo termine con el mandamiento de Jesús a sus discípulos, hacer más discípulos, lo que conocemos como la Gran Comisión:

> **Y Jesús se acercó y les habló diciendo: "Toda potestad me es dada en el cielo y en la tierra. Por tanto, id, y haced discípulos a todas las naciones, bautizándolos en el nombre del Padre, y del Hijo, y del Espíritu Santo; enseñándoles que guarden todas las cosas que os he mandado; y he aquí yo estoy con vosotros todos los días, hasta el fin del mundo. Amén". Mateo 28.18-20**

¿Cuál es su primera reacción a las palabras de Jesús en estos versículos?

Lo que Jesús manda en estos versículos, ¿se aplica a usted? ¿Por qué?

¿Está avanzando?

Al considerar el llamado de Jesús, me pregunto qué nos está faltando. Cuando veo la iglesia me parece que hemos tomado el costoso mandamiento de Cristo de ir, bautizar y discipular a todas las naciones para transformarlo en un cómodo llamado a la gente para que venga, sea bautizada y se quede en un lugar. Muchos cristianos parecen haberse excusado a sí mismos de la responsabilidad personal de pescar hombres y estoy convencido de que la mayoría de los cristianos no identifican el hacer discípulos a todas las naciones como su principal propósito en la vida.

¿Cuál es su reacción a las afirmaciones previas?

¿Es hacer discípulos a todas las naciones la meta principal en su vida? ¿Qué pruebas respaldan su respuesta?

Si se siente ofendido o avergonzado por estas ideas, por favor, quédese conmigo. Los miembros de la iglesia debemos comprender que, bíblicamente hablando, se espera que todo discípulo de Jesús haga más discípulos de Jesús. Desde el comienzo del cristianismo seguir a Jesús ha implicado ser un pescador de hombres.

Es más, no se debió exhortar a esos primeros discípulos a hacer más discípulos. Ellos no evangelizaron por un sentimiento de culpa ni porque fuera su deber, sino porque estaban sobrenaturalmente obligados. Ni siquiera la amenaza de muerte podía evitar que siguieran obedeciendo el mandamiento de Jesús.

Piense en Pedro y Juan, días después del inicio de la iglesia en Pentecostés. En un encuentro aparentemente casual, sanaron a un paralítico en las puertas del templo (ver Hechos 3.1-10). Cuando este suceso generó una conmoción por toda Jerusalén, los líderes religiosos arrestaron e interrogaron a Pedro y a Juan (ver Hechos 4.1-7).

Lea Hechos 4.8-20 para ver qué sucedió después. ¿Qué palabras usaría para resumir las acciones y las proclamas de Pedro?

¿Alguna vez no pudo evitar hablar de lo que vio o escuchó sobre Jesús? Explique.

Entonces, ¿qué nos impide obedecer hoy ese mandamiento? No la iglesia como un todo, sino cada cristiano como individuo. ¿Por qué tantos de nosotros nos sentamos en la banca en vez de dedicar nuestra vida con todo el corazón, la pasión, el sacrificio y la alegría para hacer discípulos a todas las naciones?

¿Qué le impide dar más de su vida para hacer discípulos a todas las naciones?

Creo que la respuesta tiene relación con lo que estudiamos ayer: la religión superficial. Si nuestro cristianismo no es más que una lista de principios que debemos creer y prácticas que obedecer, muchas de las cuales son similares a las prácticas y los principios de otras religiones, entonces siempre consideraremos el hacer discípulos como una obligación. Siempre será una tarea que sentiremos como una carga y casi no tendremos motivación para salir de nuestra zona de comodidad, alterar nuestras prioridades, sacrificar nuestras posesiones e incluso, potencialmente, dar nuestra vida para hablar a otros de Cristo. Como expresó Jesús: "Ninguno puede servir a dos señores; porque o aborrecerá al uno y amará al otro, o estimará al uno y menospreciará al otro" (Mateo 6.24).

Si, por otra parte, hemos experimentado la regeneración sobrenatural, si el Dios del universo ha extendido Su mano de misericordia hasta lo más profundo de nuestra alma, perdonado nuestros pecados, y si nos ha llenado con Su Espíritu, entonces es espiritualmente imposible tener esa mentalidad de espectador. El propósito de Cristo es lo más importante para aquellos a quienes la persona del Señor Jesucristo cambió radicalmente su corazón, mente, voluntad y relaciones.

¿Y usted? ¿Se encuentra atrapado por una religión superficial o ha experimentado una regeneración sobrenatural? ¿Se concentra en los principios y en las prácticas cristianas o se aferra a Cristo de todo corazón? ¿Está seguro de haber recibido el perdón de sus pecados? ¿Es evidente que ha sido lleno de Su Espíritu?

Y, por último, ¿ha nacido de nuevo?

¿Cuál es su respuesta a las preguntas anteriores?

¿Se encuentra comprometido en hacer discípulos de Jesucristo? ¿Lo está logrando?

"Jesús les dijo: 'Síganme, y yo haré de ustedes pescadores de hombres'" (Mateo 4.19). Este no es un pedido gentil a seguir un camino de religión superficial. Es un llamado a probar el placer que se obtiene únicamente en una relación sobrenatural con Cristo.

¿LO SEGUIRÁ?

Lea los capítulos 1 y 2 de "Sígueme" por David Platt (Tyndale 2013).

1. Diccionario de la Real Academia Española (http://www.rae.es/rae.html)

SEA
TRANSFORMADO

Bienvenido de nuevo a este grupo de estudio de *Síganme*.

La actividad de aplicación de la semana pasada fue orar todos los días por la salvación de cinco personas específicas. Si deseara hacerlo, diga en qué sentidos esas oraciones cambiaron su rutina diaria. Describa qué le gustó más del material de estudio de la Semana 1. ¿Qué preguntas le surgieron?

¿Qué ideas o imágenes vienen a su mente al escuchar palabras como *Señor* y *Rey*? ¿Por qué?

¿Cómo ha cambiado desde que se convirtió en un discípulo de Jesús? Escriba tres de los mayores cambios que ha experimentado desde que eligió seguir a Cristo.

1.

2.

3.

Lea en voz alta Juan 15.5-8:

> **Yo soy la vid, vosotros los pámpanos; el que permanece en mí, y yo en él, éste lleva mucho fruto; porque separados de mí nada podéis hacer. El que en mí no permanece, será echado fuera como pámpano, y se secará; y los recogen, y los echan en el fuego, y arden. Si permanecéis en mí, y mis palabras permanecen en vosotros, pedid todo lo que queréis, y os será hecho. En esto es glorificado mi Padre, en que llevéis mucho fruto, y seáis así mis discípulos.**

¿Cómo ha cambiado el propósito en su vida después de convertirse en un seguidor de Jesús? Describa su nivel de satisfacción en cuanto a sus esfuerzos para estudiar la Palabra de Dios. ¿Qué obstáculos le impiden hoy día realizar un estudio más profundo de las Escrituras? ¿Cuáles son algunas de las maneras apropiadas de proclamar las verdades de la Palabra de Dios en la sociedad de hoy día?

Aplicación: Elija uno de sus capítulos favoritos de la Biblia y comprométase a leerlo todos los días por una semana. Algunas sugerencias: Mateo 5, Romanos 8, Romanos 12 y Santiago 3. Finalice cada lectura preguntándose si su estilo de vida refleja que usted cree lo que dicen esos capítulos. Lea la Semana 2 y complete las actividades antes de la próxima reunión del grupo.

Yo soy la vid, vosotros los pámpanos; el que permanece en mí, y yo en él, éste lleva mucho fruto; porque separados de mí nada podéis hacer. Juan 15.5

En la sociedad moderna hay muchas cosas que pueden hacerse a la medida, se pueden torcer, ajustarse, moldearse y adaptarse para satisfacer nuestros deseos individuales. Por ejemplo, si yo compro un auto nuevo, puedo seleccionar entre una variedad de opciones diferentes para poder tener un automóvil que haga todo lo que yo quiera. Si ordeno una comida en un restaurante, puedo pedir que se cambien los ingredientes de la comida para adaptarla a mi preferencia personal.

Tales adaptaciones suelen ser útiles y beneficiosas en distintos momentos de nuestra vida. Resulta desafortunado que muchos de nosotros hayamos intentado erróneamente aplicar el principio de la adaptación cuando se trata de seguir a Jesús. Con frecuencia, y sin darnos cuenta, solemos redefinir al cristianismo según nuestros gustos, preferencias, tradiciones eclesiásticas y normas sociales.

Lenta y sutilmente tomamos al Jesús de la Biblia y lo transformamos en alguien con quien nos sentimos un poco más cómodos. Diluimos lo que Él dijo sobre el precio de seguirlo, descartamos lo que dijo sobre aquellos que eligen no seguirlo, malinterpretamos lo que dijo sobre el materialismo y convenientemente olvidamos lo que dijo sobre la misión. Elegimos y seleccionamos lo que nos gusta y lo que no nos gusta de las enseñanzas de Jesús y al final creamos un Jesús occidental, bueno, no ofensivo, políticamente correcto, de clase media, que parece ser y pensar como nosotros.

Este es el problema: Jesús no puede hacerse a la medida. Él no permite que lo interpreten, adapten, innoven o alteren. Habló claramente a través de Su Palabra y no tenemos derecho de conformarlo a nuestra vida y a nuestros deseos.

Todo lo contrario. Seguir a Cristo es conformarse uno a Su imagen mientras Él transforma nuestra mente y nuestra voluntad a través de Su verdad. Nosotros nos inclinamos ante Él. Nos adaptamos a Él. Y, finalmente, nos sometemos a Él como nuestro Señor.

SEA TRANSFORMADO

UNIDOS CON CRISTO

En los siglos transcurridos desde que Jesús llamó a Sus primeros discípulos y comenzó lo que hoy conocemos como la iglesia, el cristianismo se relacionó con una gran cantidad de imágenes y símbolos. La cruz es el ejemplo más común. Millones de personas exhiben en sus casas una réplica de este instrumento de tortura o lo usan colgando de una cadena en el cuello para identificarse con la crucifixión de Jesús.

El *ictus*, o lo que muchas personas conocen como el pez de Jesús, es otro ejemplo común. En los comienzos de la iglesia los creyentes usaban el *ictus* para señalar lugares de encuentro sin llamar la atención de las autoridades judías y romanas. El pez también era la manera de identificar a los creyentes potenciales. Por ejemplo, cuando un creyente se encontraba con un extraño en el camino, solía dibujar el primer arco del *ictus* en la arena y si el extraño completaba el dibujo, el creyente sabía que se encontraba en buena compañía.[1] (Al parecer, esto es lo que equivale a la costumbre actual de pegar un pez de Jesús en la parte trasera de su auto.)

¿Qué otras imágenes o símbolos suelen relacionarse con el cristianismo?

¿Cómo contribuyeron estas imágenes y símbolos a su educación cristiana?

Hoy estudiaremos una imagen significativa que Jesús utilizó para que Sus seguidores entendieran lo que significaba servirlo a Él como su Señor.

La vid y los pámpanos

Una de las razones por las que Jesús fue tan buen maestro, es que comúnmente usaba lecciones objetivas y ejemplos que tenía a la mano. Mientras Él y Sus discípulos caminaban por un campo o ciudad, Jesús señalaba algo frente a ellos que era un ejemplo perfecto de lo que estaba enseñando.

Lea los siguientes pasajes de las Escrituras y escriba lo que Jesús quería comunicar a través de cada lección objetiva.

Mateo 6.28-30

Marcos 4.21-23

Lucas 13.18-21

En Juan 15 se encuentra una de las lecciones objetivas más importantes de Jesús donde se refirió a la vid y a sus pámpanos como un medio para entender lo que verdaderamente significa seguirlo como Su discípulo:

> **Yo soy la vid, vosotros los pámpanos; el que permanece en mí, y yo en él, éste lleva mucho fruto; porque separados de mí nada podéis hacer. El que en mí no permanece, será echado fuera como pámpano, y se secará; y los recogen, y los echan en el fuego, y arden. Si permanecéis en mí, y mis palabras permanecen en vosotros, pedid todo lo que queréis, y os será hecho. En esto es glorificado mi Padre, en que llevéis mucho fruto, y seáis así mis discípulos. Juan 15.5-8**

¿Qué le resulta más alentador en este pasaje? ¿Por qué?

¿Qué le resulta más desafiante? ¿Por qué?

Espero que sienta la impactante familiaridad de las palabras de Jesús en este pasaje. Cuando reflexionamos en lo que significa seguir a Jesús, normalmente pensamos que Él nos guía a donde quiere que nosotros vayamos. Creemos que Jesús va al frente y nosotros lo seguimos detrás. Desde nuestro punto de vista, siempre hay un espacio entre nosotros y Cristo, una separación.

Sin embargo, este no es el concepto que Jesús transmitió en Juan 15. Su referencia a la vid y a los pámpanos es una imagen convincente que evoca una profunda conexión. Según estos versículos, estamos tan íntimamente conectados con Jesús como las ramas están conectadas al árbol del que crecieron. Todo lo que somos (nuestra vida, nuestros pensamientos y nuestras acciones) nacen de esta conexión con Cristo. Todas nuestras necesidades físicas, emocionales y espirituales se satisfacen a través de nuestra relación con Él.

¿Cuál es su reacción a las afirmaciones previas? ¿Por qué?

Jesús quería que Sus discípulos presentes y futuros entendieran que seguirlo a Él significaba mucho más que un compromiso intelectual y aun más que obediencia y fe. Los discípulos de Jesús están unidos a su Señor de una manera sobrenatural.

Un tema principal

Estos conceptos no están limitados a este ejemplo único de Juan 15. En realidad, el Nuevo Testamento describe la unidad del cristiano con Cristo desde varios ángulos y a través de distintos escritores.

Un poco antes, por ejemplo en Juan 14, Jesús empezó a preparar a sus discípulos para Su muerte inminente y para Su próxima partida de este mundo. Él les dijo: "No os dejaré huérfanos; vendré a vosotros. En aquel día vosotros conoceréis que yo estoy en mi Padre, y vosotros en mí, *y yo en vosotros*" (vv. 18 y 20, énfasis del autor). En Gálatas 2, Pablo escribió: "Con Cristo estoy juntamente crucificado, y ya no vivo yo, mas *vive Cristo en mí;* y lo que ahora vivo en la carne, lo vivo en la fe del Hijo de Dios, el cual me amó y se entregó a sí mismo por mí" (v. 20, énfasis del autor).

Es maravilloso oír a Jesús decir: "Vendré a vosotros" y que Él "se entregó a sí mismo" por nosotros. Pero nos asombra oírle decir: "Yo [estoy] en vosotros" y Cristo vive en mí. Ser cristiano es experimentar una conexión íntima con Jesús, es tenerlo a Él dentro de usted. De esta manera los creyentes son increíblemente bendecidos.

Explique con sus palabras, ¿qué significa que Cristo está en usted?

La Biblia no solo enfatiza que Cristo está en nosotros, sino que también enseña una y otra vez que nosotros, como cristianos, estamos en Cristo. Compartimos Sus experiencias del mismo modo que Él participa en nuestra vida.

Lea los siguientes pasajes de las Escrituras y escriba lo que enseñan acerca de estar en Cristo.

2 Corintios 5.17

Efesios 1.3-4

Filipenses 4.7

Jesús también enfatizó nuestra íntima conexión con Él en uno de los pasajes más famosos de las Escrituras (y unas de Sus últimas palabras a los discípulos): la Gran Comisión:

> **Y Jesús se acercó y les habló diciendo: Toda potestad me es dada en el cielo y en la tierra. Por tanto, id, y haced discípulos a todas las naciones, bautizándolos en el nombre del Padre, y del Hijo, y del Espíritu Santo; enseñándoles que guarden todas las cosas que os he mandado;** *y he aquí yo estoy con vosotros todos los días, hasta el fin del mundo.* **Amén. Mateo 28.18-20, énfasis del autor.**

¿Qué le resulta más desafiante en estos versículos? ¿Por qué?

¿Cuándo ha recibido fuerzas y apoyo gracias a su conexión con Jesús?

La Biblia nos dice que Cristo está en nosotros y que nosotros estamos en Cristo. Dice que Cristo está con nosotros. Y, finalmente, la Biblia nos dice que nosotros estamos *con* Cristo.

Pablo escribió en Romanos 6.5-8 que nosotros, como cristianos, estamos crucificados con Cristo, enterrados con Cristo y resucitados con Cristo. Pablo escribió en Efesios 2: "Pero Dios, que es rico en misericordia, por su gran amor con que nos amó, aun estando nosotros muertos en pecados, nos dio vida juntamente con Cristo (por gracia sois salvos)" (vv. 4-5). En 1 Corintios 1.9, Dios dice: "Fuisteis llamados a la comunión con su Hijo Jesucristo nuestro Señor".

Si usted es cristiano, por favor, sienta la profundidad de lo que esto significa y lo maravilloso que es. Acostúmbrese a la realidad de que vivir como un discípulo de Jesús no significa seguirlo como un perro sigue a su amo. ¡No! Seguir a Jesús significa estar conectado de manera sobrenatural con Él y con todo lo que Él representa.

Si usted es cristiano, Jesucristo vive en y está con usted. Es más, usted vive en Jesús y está con Él. Esto es lo que quiso decir en Juan 15.4 cuando dijo a Sus discípulos: "Permaneced en mí, y yo en vosotros".

SER UN CRISTIANO ES EXPERIMENTAR UNIDAD CON CRISTO.

JESÚS LO CAMBIA TODO

El mundo en que vivimos está lleno de contrastes. Por ejemplo, piense en las diferencias entre el día y la noche. Piense en sostener algo caliente en una mano y algo frío en la otra. Piense en encontrarse frente al rugido de un motor después de escuchar una suave brisa.

Los contrastes se encuentran a nuestro alrededor, pero los sentimos todavía más cuando tienen un impacto mayor en nuestra vida. El contraste entre la riqueza y la pobreza, por ejemplo, siempre es el centro de lo que pasa en el mundo porque afecta muchas facetas de nuestra sociedad y nuestra experiencia individual.

Vida y muerte

El contraste más notable tiene que ser la diferencia entre la vida y la muerte, entre las cosas que poseen vitalidad y energía y las que son frías, inertes y sin sentimientos.

Ese es el contraste que Jesús quiso enfatizar en Juan 15:

> **Yo soy la vid verdadera, y mi Padre es el labrador. Todo pámpano que en mí no lleva fruto, lo quitará; y todo aquel que lleva fruto, lo limpiará, para que lleve más fruto. Ya vosotros estáis limpios por la palabra que os he hablado. Permaneced en mí, y yo en vosotros. Como el pámpano no puede llevar fruto por sí mismo, si no permanece en la vid, así tampoco vosotros, si no permanecéis en mí. Yo soy la vid, vosotros los pámpanos; el que permanece en mí, y yo en él, éste lleva mucho fruto; porque separados de mí nada podéis hacer. Juan 15.1-5**

¿Qué imágenes de estos versículos le llaman la atención? ¿Por qué?

Explique con sus palabras, ¿qué representan estas imágenes?

Un pámpano que está tirado en el suelo tiene una experiencia muy diferente a la que tiene el que todavía se encuentra unido a la vid. Los pámpanos en la tierra están muertos. No reciben nutrientes y no tienen la esperanza de crecer en el futuro. No dan frutos. Y, por lo tanto, solo sirven para recolectarse y quemarse. Los pámpanos que aún están conectados a la vid son totalmente diferentes porque tienen vida. Reciben nutrientes de la vid, lo que quiere decir que son capaces de producir más vida dando frutos. Tienen energía y un propósito.

Lo que Jesús quiso decir con su metáfora en Juan 15 es que aquellos que lo siguen están espiritualmente vivos solo gracias a Él. Hemos sido bendecidos con una conexión vital y debemos reconocer que nuestra unión con Cristo es nuestra única fuente de energía, propósito y éxito. Por esto Pablo escribió estas palabras: "Ni tampoco presentéis vuestros miembros al pecado como instrumentos de iniquidad, sino presentaos vosotros mismos a Dios como vivos de entre los muertos, y vuestros miembros a Dios como instrumentos de justicia" (Rom. 6.13).

¿Cómo expresa su gratitud a Jesús por otorgarle esta conexión vital?

¿Qué obstáculos le impiden expresar su gratitud a Jesús? ¿Cómo pueden superarse estos obstáculos?

Como cristianos, experimentamos unidad con Cristo y el resultado inmediato de esa unión es la vida; es una resurrección espiritual. Cuando seguimos a Jesús como Señor, Él también nos transforma desde adentro.

Jesús transforma nuestros pensamientos

La semana pasada exploramos el concepto de la regeneración sobrenatural: que al nacer de nuevo nos convertimos en seguidores de Cristo y en nuevas criaturas por el poder del Espíritu Santo. Podemos decir, usando la metáfora de Juan 15, que ese momento de regeneración sobrenatural es el momento en el cual nos conectamos con Jesús, quien es la vid.

Pero, ¿qué sucede después? ¿Nos volvemos perfectos al instante como resultado de esa conexión? ¿Se resuelven todos nuestros problemas y comenzamos a vivir como Jesús lo haría en cada aspecto de nuestra vida? Por supuesto que no. Como cristianos, seguimos luchando contra el pecado y la duda, contra las pruebas y la rebelión.

Sin embargo, no somos los mismos que éramos antes. Cuando estamos unidos a la vid, Jesús vive en nosotros y con nosotros; vivimos en Él y estamos con Él. Como resultado, desde el momento en que recibimos el llamado de Jesús para seguirlo, Él comienza a transformar la totalidad de nuestro ser desde el interior.

¿De qué maneras ha experimentado la transformación por seguir a Jesús?

Primero, cuando nos unimos a Cristo, Él comienza a transformar nuestros pensamientos. Él cambia la manera en que percibimos y procesamos la información para que, con el tiempo, seamos capaces de pensar más y más como Él. Pablo escribió acerca de esta transformación en 1 Corintios 2:

> **Y nosotros no hemos recibido el espíritu del mundo, sino el Espíritu que proviene de Dios, para que sepamos lo que Dios nos ha concedido, lo cual también hablamos, no con palabras enseñadas por sabiduría humana, sino con las que enseña el Espíritu, acomodando lo espiritual a lo espiritual. Pero el hombre natural no percibe las cosas que son del Espíritu de Dios, porque para él son locura, y no las puede entender, porque se han de discernir espiritualmente. 1 Corintios 2.12-14**

Lea 1 Corintios 2.16. ¿Qué significa cuando dice que "tenemos la mente de Cristo"?

Pablo también escribió sobre los beneficios de esta transformación:

> **No os conforméis a este siglo, sino transformaos por medio de la renovación de vuestro entendimiento, para que comprobéis cuál sea la buena voluntad de Dios, agradable y perfecta. Romanos 12.2**

Al renovar nuestra mente, Dios impide que nos conformemos con el modelo pecaminoso de este mundo. Y aún mejor, nuestros pensamientos transformados nos permiten conectarnos con Dios y confirmar Su voluntad (algo que analizaremos mañana con más detalles).

No subestime la importancia de estas verdades. Cuando Jesús transforma lo que pensamos, también transforma lo que creemos. Y al transformar nuestras creencias básicas, empezamos a separarnos del mundo y comenzamos a vivir como miembros del reino de Dios.

¿De qué manera un cristiano debe pensar diferente a una persona del mundo que no conoce a Cristo?

Jesús transforma nuestros deseos

De esa misma manera es que Jesús transforma nuestros deseos. Renueva nuestros sentimientos y nuestros afectos, lo que anhelamos y lo que nos esforzamos por conseguir. Como podrá imaginarse, esto es de enorme relevancia en una sociedad como la occidental que está construida sobre la base de un consumismo continuo como medio para cumplir los deseos mundanos.

Este asunto del deseo es importante porque expone un fallo fundamental en la manera de vernos a nosotros mismos como cristianos occidentales. Cuando pensamos en los deseos pecaminosos, solemos imaginarnos algunas situaciones extremas. Pensamos en el adulterio y el asesinato. Pensamos en la avaricia extrema que muestran los ejecutivos de las grandes corporaciones. Pensamos en las tribus primitivas que adoran a falsos dioses en tierras extrañas. Pero, ¿qué me dice de nuestra obsesión occidental hacia la lujuria y la pornografía? ¿Qué me dice acerca de las horas que pasamos cada día concentrados en ver películas y programas de televisión mundanos? ¿Qué me dice acerca de nuestra manera compulsiva de comprar para tener más y más posesiones? ¿Qué me dice acerca de ese deseo maniático de vernos mejor que aquellos que nos rodean? ¿Qué me dice acerca de todos nuestros esfuerzos por ascender en la escalera corporativa? ¿Qué me dice acerca de nuestra adoración continua hacia los deportes, la comida, los chismes de las celebridades y otras indulgencias mundanas? Todos estos son deseos pecaminosos que inevitablemente nos llevan a una falsa adoración, a la idolatría.

¿Cuál es su reacción a la afirmación previa? ¿Por qué?

¿Cómo podemos darnos cuenta que nuestros deseos nos están guiando a una falsa idolatría? ¿Cuáles son los síntomas de esta realidad? ¿Cuáles son los pasos concretos que podemos dar para apartarnos de la idolatría?

"Ninguno puede servir a dos señores; porque o aborrecerá al uno y amará al otro, o estimará al uno y menospreciará al otro" (Mateo 6.24). Jesús pronunció estas palabras específicamente para combatir el amor al dinero, pero se aplican igualmente a cualquier falso deseo que amenace con distorsionar nuestras inclinaciones.

Nos sobreponemos a estos falsos deseos cuando Jesús transforma nuestros sentimientos. Empezamos a odiar las cosas de esta tierra que antes amábamos. Y lo que es más importante, empezamos a amar las cosas de Dios que antes odiábamos.

ESTE ES UN IMPORTANTE BENEFICIO DE DECIDIR SEGUIRLO A ÉL.

DE ADENTRO HACIA AFUERA

Si usted es como la mayoría de las personas, no le gusta estar enfermo. Y si usted es como la mayoría de las personas, y yo me incluyo, suele considerar las enfermedades según los síntomas externos que producen. Cuando pesca un catarro, por ejemplo, primero lo considera como una secreción nasal, estornudos, comezón en los ojos, etc. Piensa en la manera en que su cerebro parece embotarse cuando toma muchas medicinas para el resfriado. Piensa en cuán molesto es faltar al trabajo o estar en un estado poco productivo. Todos estos son síntomas externos.

Lo interesante es que la mayoría de las enfermedades tienen más que ver con lo que sucede en el interior que en el exterior. Por supuesto, existen ciertos casos en los que una enfermedad se inicia en el exterior, como es una infección o la picadura de un animal o insecto venenoso, por ejemplo. Pero esos son casos poco frecuentes.

La mayoría de nuestras enfermedades se inician adentro y luego se manifiestan hacia afuera como síntomas externos. Tal vez las colonias de bacterias se multiplican en su sangre o su tracto digestivo. Quizás hordas de virus atacan sus células y las convierten en fábricas que producen más y más virus. O tal vez come algo que no le cae bien. Sea cual fuere la situación específica, las enfermedades casi siempre nos afectan desde el interior.

¿Cuál fue la última enfermedad que contrajo? ¿Cuáles eran los síntomas principales?

¿Cuál fue la causa que originó esa enfermedad?

En un aspecto más positivo, en la vida cristiana se desarrolla un proceso similar: una progresión desde el cambio interno hacia los síntomas externos de ese cambio. Como estudiamos en el material de ayer, las personas se conectan con Jesús cuando responden al llamado que hace Jesús de seguirlo como a su Señor. Y a través de esa conexión, Jesús los transforma activamente de adentro hacia afuera.

Jesús inicia esta transformación con nuestra mente y también trabaja para renovar nuestros deseos. Estos son asuntos internos. Sin embargo, el trabajo que hace para transformarnos pronto comienza a impactarnos exteriormente al cambiar nuestra voluntad, nuestras relaciones y el propósito de nuestra vida.

Jesús transforma nuestra voluntad

Una vez que comenzamos a pensar como Jesús y a desear lo que Él desea, es solo cuestión de tiempo antes de que comencemos a actuar como Jesús actúa y a vivir de acuerdo a Su voluntad en lugar de la nuestra. Mientras progresa esta transformación, pecamos con menos frecuencia e invertimos más tiempo y recursos en el reino de Dios.

Comenzamos a "llevar mucho fruto" (v. 5), usando las palabras de Juan 15.

Tristemente, muchos cristianos tienen una comprensión inadecuada e impropia de cómo Jesús transforma nuestra voluntad y nuestras acciones. Es más, muchos cristianos en realidad evitan que Jesús realice Su trabajo de transformación en su vida. Esto se debe a que muchos de nosotros aún confiamos en la sabiduría y en la voluntad humanas como medios principales para combatir el pecado.

¿Qué ideas o imágenes vienen a su mente al escuchar la expresión "fuerza de voluntad"?

¿Considera que tiene mucha fuerza de voluntad? ¿Por qué o por qué no?

Piense en los varios puntos de impureza en la iglesia y entre los cristianos de nuestra sociedad: pornografía, adulterio, glotonería, materialismo, idolatría, gula, obsesión por la moda, alcoholismo y otros. Si cedemos ante estas tentaciones, mostramos que deseamos más el placer fugaz y momentáneo de una aventura o una sensación que lo que deseamos gozar el imperecedero y eterno placer de conocer, disfrutar y experimentar a Dios.

Es obvio que hay un problema. Sin embargo, con mucha frecuencia abordamos estas luchas y tentaciones diciéndonos (y diciéndole a los demás): *¡Basta de hacer eso! ¡No pases tanto tiempo en la computadora! ¡No mires esos programas de televisión! ¡No vayas a los bares! ¡Vende algo de lo mucho que tienes! ¡Cancela las tarjetas de crédito! ¡Encuentra a alguien que te ayude y a quien rendir cuentas!*

Si bien no hay nada de malo en todas esas expresiones, están todas basadas en la voluntad y el esfuerzo humanos. Y eso es problemático porque nuestras luchas contra el pecado casi siempre están enraizadas en donde Cristo todavía no ha transformado nuestros pensamientos y deseos. En otras palabras, seremos derrotados si intentamos cambiar nuestras acciones antes de permitir que Cristo cambie nuestra mente y nuestros deseos.

¿Cuál es su reacción a las afirmaciones previas? ¿Por qué?

Lea los siguientes pasajes de las Escrituras y escriba las maneras en las que los actos pecaminosos son el resultado de los pensamientos y los deseos equivocados.

Génesis 3.1-7

2 Samuel 11.1-16

Hechos 5.1-11

¿Cómo combatimos el pecado en nuestra vida? Al confiar en Cristo y permitir que Él transforme nuestros pensamientos y nuestros deseos. Es más, invitándolo a hacerlo: "Jesús, siento que ahora la lujuria me está tentado, te ruego que purifiques mi corazón y mi mente". "Señor, he pasado meses comprando más y más cosas, te ruego que me ayudes a pensar como Tú piensas y a desear lo que Tú deseas en cuanto a las posesiones".

Es solo a través de la obra de transformación de Jesús que nuestra voluntad se ve alineada a la suya y que, por lo tanto, también nuestras acciones se ven alineadas con las suyas.

¿Qué le cuesta más trabajo en términos de las acciones pecaminosas?

¿Cuáles son los pensamientos y los deseos que producen esas acciones pecaminosas?

Note la increíble bendición que recibimos como resultado de este proceso: "Si permanecéis en mí, y mis palabras permanecen en vosotros, pedid todo lo que queréis, y os será hecho" (Juan 15.7). A primera vista, este versículo parece demasiado bueno para ser verdad. Por supuesto, todos hemos tenido muchas experiencias en las que Dios se negó a cumplir nuestros pedidos. Entonces, ¿qué quiso decir Jesús?

Este versículo realmente nos ofrece la clave para entender la oración en la vida de un cristiano, pero esa clave requiere de dos pasos. El primero es que nosotros deseemos lo mismo que Dios quiere. De eso hemos estado hablando: la transformación de nuestra voluntad. Si permanecemos en Cristo y en Su Palabra, Él transforma nuestra manera de pensar y lo que deseamos. Cambia nuestros deseos para que sean como los de Él.

Una vez que esto sucede, el segundo paso es sencillo: simplemente pedir cualquier cosa que queramos. Y cuando nuestros deseos se transformen hasta alinearse con los deseos de Dios (la voluntad de Dios), Él otorgará nuestra petición. Él nos dará lo que deseamos porque es lo mismo que Él desea.

¿Cuál es su reacción a las afirmaciones previas?

¿Qué impacto producen en la visión que usted tiene de la oración? ¿Cómo influirán en su manera de orar?

Jesús transforma nuestras relaciones

Mientras que nuestra transformación progresa de lo interior a lo exterior, Jesús actúa en algo más aparte de nuestras acciones individuales. También transforma nuestra relación con los demás. Específicamente, nos da la habilidad de amar a otros como Él los ama:

> **Este es mi mandamiento: Que os améis unos a otros, como yo os he amado. Nadie tiene mayor amor que este, que uno ponga su vida por sus amigos. Vosotros sois mis amigos, si hacéis lo que yo os mando. Ya no os llamaré siervos, porque el siervo no sabe lo que hace su señor; pero os he llamado amigos, porque todas las cosas que oí de mi Padre, os las he dado a conocer. Juan 15.12-15**

Note esas dos palabras al comienzo: "mi mandamiento". Jesús no sugirió que los cristianos se amaran los unos a los otros hasta el extremo de dar sus vidas, Él lo mandó. Y repitió esa orden en el versículo 17, solo en caso de que no lo hubiéramos entendido la primera vez: "Esto os mando: Que os améis unos a otros".

Si permanecemos en Cristo y Cristo habita en nosotros, Él transforma nuestra habilidad de amar y de relacionarnos con otros. Nos permite amar a nuestro prójimo como a nosotros mismos (ver Mateo 22.39). En consecuencia, los cristianos debemos distinguirnos del resto del mundo por nuestra manera de relacionarnos entre nosotros y con aquellos que aún necesitan a Cristo:

> **Un mandamiento nuevo os doy: Que os améis unos a otros; como yo os he amado, que también os améis unos a otros. En esto conocerán todos que sois mis discípulos, si tuviereis amor los unos con los otros. Juan 13.34-35**

¿De qué manera expresa el amor que se sacrifica por los demás cristianos?

¿De qué manera expresa el amor que se sacrifica por aquellos que aún necesitan a Cristo?

Jesús transforma nuestro propósito

Permanecer en Cristo significa ser transformado desde el interior. Significa perder nuestros pensamientos humanos, nuestros deseos, nuestra voluntad y nuestras relaciones para ganar los pensamientos, los deseos, las voluntades y las relaciones de Jesús. Y, finalmente, permanecer en Cristo transforma el mismo propósito de nuestra existencia en el mundo.

Como seguidores de Jesús no buscamos conseguir las mismas cosas que las personas del mundo. Tenemos un propósito diferente. Fuimos llamados específicamente para glorificar a Dios y producir frutos para Su reino:

> **Yo soy la vid, vosotros los pámpanos; el que permanece en mí, y yo en él, éste lleva mucho fruto; porque separados de mí nada podéis hacer.**
> **Juan 15.5**

> **No me elegisteis vosotros a mí, sino que yo os elegí a vosotros, y os he puesto para que vayáis y llevéis fruto, y vuestro fruto permanezca; para que todo lo que pidiereis al Padre en mi nombre, él os lo dé. Juan 15.16**

¿De qué manera usted está hoy produciendo frutos para el reino de Dios?

¿Qué obstáculos evitan que produzca más frutos? ¿Cómo puede superarlos?

Seguir a Jesús es ser transformado de adentro hacia afuera. Su manera de pensar será totalmente diferente a la del resto del mundo. Lo que usted desea se vuelve diferente a lo que desea el resto del mundo.

MIENTRAS PERMANEZCA EN JESÚS Y ÉL PERMANEZCA EN USTED, SU VOLUNTAD, SUS RELACIONES E INCLUSO SU PROPÓSITO EN LA VIDA DARÁN UNA VUELTA DE 180º.

PERMANEZCA EN LA PALABRA DE DIOS

En varios aspectos de la vida existe una gran diferencia entre el conocimiento intelectual y el conocimiento práctico, entre las experiencias basadas en la comprensión y las experiencias basadas en las acciones.

Por ejemplo, una cosa es entender las reglas del fútbol americano y otra bastante distinta es ponerse un casco y tratar de empujar a un hombre de trescientas libras por el campo. Esa sería una experiencia basada en una acción. Del mismo modo, leer una receta de tarta de limón puede ser una experiencia intelectual. Pero para realmente seguir el procedimiento y crear algo comestible se requiere cierto conocimiento práctico.

Estas diferencias también suelen aplicarse a los conceptos teológicos. Por ejemplo, toda la semana hemos estado explorando la idea de quedarnos o permanecer en Cristo. Pero, ¿qué significa esto? Podemos adquirir la comprensión intelectual de este concepto si nos vemos a nosotros mismos como en la metáfora, como pámpanos conectados a Cristo, la Vid. Sin embargo, esta comprensión no se traslada exactamente a nuestra rutina cotidiana.

En la práctica, ¿cuál es nuestro papel en cuanto a permanecer en Cristo? ¿Qué decisiones tenemos que tomar para permanecer en Él? ¿Qué acciones tenemos que realizar?

Estos son los asuntos que exploraremos hoy.

Crea en las Escrituras

Una de las principales maneras en las que podemos morar en Jesús —si no la principal—, es permanecer en Su Palabra. Jesús lo aclaró varias veces en Juan 15.

> **Ya vosotros estáis limpios *por la palabra que os he hablado*. Permaneced en mí, y yo en vosotros. Como el pámpano no puede llevar fruto por sí mismo, si no permanece en la vid, así tampoco vosotros, si no permanecéis en mí. Juan 15.3-4, énfasis del autor.**

> **Si permanecéis en mí, y *mis palabras permanecen en vosotros,* pedid todo lo que queréis, y os será hecho. Juan 15.7, énfasis del autor.**

¿Qué le resulta más interesante en estos versículos? ¿Por qué?

Así que, parte de lo que significa permanecer en Jesús es dedicarle un tiempo a la lectura de la Biblia que es Su Palabra. Pero sabemos por Santiago que hasta los demonios tienen conocimiento intelectual de lo que Dios revela en Su palabra y tiemblan (ver Santiago 2.19).

Por lo tanto, Jesús deja en claro que la obediencia también forma parte de la ecuación:

> **Como el Padre me ha amado, así también yo os he amado; permaneced en mi amor. *Si guardareis mis mandamientos,* permaneceréis en mi amor; así como yo he guardado los mandamientos de mi Padre, y permanezco en su amor. Juan 15.9-10, énfasis del autor.**

¿Qué nos manda a hacer Jesús en Su Palabra? Escriba tres de sus mandatos.

1.

2.

3.

Para seguir conectados con Cristo y experimentar Su transformación debemos encontrarnos continuamente con Su Palabra. Debemos leer Su Palabra para poder entenderla, debemos entenderla para poder creer y debemos creer para poder obedecer. Lo que esto realmente significa, visto de una manera práctica, es que sometamos nuestra vida a las Escrituras.

Tal vez usted se rebele contra esta idea. Es posible que una parte de usted se pregunte: *¿No es una locura basar nuestras vidas del siglo XXI en las palabras de un hombre del siglo I? ¿Acaso algunas de las enseñanzas de la Biblia no son simplemente arcaicas? ¿Es que no hemos experimentado un desarrollo cultural y hemos hecho descubrimientos científicos desde los tiempos de Jesús?*

En otras palabras, ¿cómo sabemos que lo que Jesús enseñó hace dos mil años sigue siendo verdad y se aplica a la realidad de hoy día?

¿Cuál es su respuesta a la pregunta anterior?

Aquí es donde comprendemos que la autoridad de las palabras de Jesús se encuentra ligada a la realidad de Su resurrección. Piénselo. Si Jesús no se hubiera levantado de entre los muertos, entonces no tendríamos que preocuparnos por nada de lo que dijo. En ese caso Él sería como cualquier otro maestro religioso del mundo que enseña principios e imparte opiniones sobre cómo vivir una vida mejor. Es más, sería peor, debido a las promesas que hizo. Si Jesús no hubiera resucitado, entonces todo lo relativo al cristianismo sería un engaño y los cristianos seríamos las personas más necias y dignas de lástima del planeta (ver 1 Corintios 15.16-19).

Pero si Jesús se levantó de entre los muertos (si hizo lo que nadie en la historia ha hecho ni jamás hará), entonces no podemos aceptar lo que Jesús dijo como si solo fuera un buen consejo. Debemos alterarlo todo en nuestra vida para que esté de acuerdo con Su Palabra.

¿Cree usted que Jesús se levantó de entre los muertos y que habló con autoridad sobrenatural a través de la Biblia? ¿Por qué?

¿Refleja su rutina diaria la respuesta a la pregunta anterior? Explique.

Esta es la buena noticia: permanecer en Jesús nos dará satisfacción y alegría en esta vida y en la próxima:

> **Si guardareis mis mandamientos, permaneceréis en mi amor; así como yo he guardado los mandamientos de mi Padre, y permanezco en su amor. Estas cosas os he hablado, para que mi gozo esté en vosotros, y vuestro gozo sea cumplido. Juan 15.10-11**

¿De qué manera ha experimentado gozo como seguidor de Cristo?

Permanecer en Jesús nos permite desarrollar una amistad genuina con el Creador del universo.

Lea Juan 15.12-16. ¿Cuál es su primera reacción ante estos versículos?

¿Se considera a sí mismo un amigo de Jesús? ¿Por qué sí o por qué no?

Tristemente, la mala noticia es que en este mundo no es fácil permanecer en Jesús. Habrá consecuencias si lo hacemos.

Crea a pesar de las consecuencias

No hay dudas al respecto: seguir a Jesús y permanecer en Él es vivir de manera muy distinta al resto del mundo. Tenga en cuenta que seguir a Jesús con frecuencia hará que usted esté en contra del resto del mundo.

Pensará distinto acerca del dinero y las posesiones, y el mundo se dará cuenta. Pensará distinto acerca del éxito y la ambición, y el mundo se dará cuenta. Pensará distinto acerca del placer, el tiempo y el amor, y el mundo se dará cuenta.

Por todas estas razones y otras más, el mundo va a odiarlo:

> **Si el mundo os aborrece, sabed que a mí me ha aborrecido antes que a vosotros. Si fuerais del mundo, el mundo amaría lo suyo; pero porque no sois del mundo, antes yo os elegí del mundo, por eso el mundo os aborrece. Acordaos de la palabra que yo os he dicho: El siervo no es mayor que su señor. Si a mí me han perseguido, también a vosotros os perseguirán; si han guardado mi palabra, también guardarán la vuestra. Mas todo esto os harán por causa de mi nombre, porque no conocen al que me ha enviado. Juan 15.18-21**

¿Qué enseñan estos versículos sobre los cristianos y la persecución?

¿Cuándo ha sentido que el mundo lo persigue debido a su decisión de seguir a Cristo?

A pesar de nuestras diferencias con el mundo, Jesús dejó claro que Sus discípulos debían proclamar Su Palabra:

Pero cuando venga el Consolador, a quien yo os enviaré del Padre, el Espíritu de verdad, el cual procede del Padre, él dará testimonio acerca de mí. Y vosotros daréis testimonio también, porque habéis estado conmigo desde el principio. Juan 15.26-27

¿De qué manera se ha encontrado con el "Espíritu de verdad"?

¿Cómo lo ha ayudado el Espíritu Santo a testificar sobre Jesús y Su evangelio?

El llamado de Cristo es claro: crea en mi Palabra, obedezca mi Palabra y proclame mi Palabra, aunque le cueste la vida.

PRODUZCA EL FRUTO DE ESTA PALABRA EN EL MUNDO,

AUNQUE SIGNIFIQUE PERDER TODO LO DEMÁS.

PLAN PERSONAL PARA HACER DISCÍPULOS: LLENE SU MENTE CON LA VERDAD

Anteriormente escribí acerca de la bendición que mi esposa Heather y yo experimentamos cuando adoptamos a nuestro hijo Caleb en Kazajstán. Fue un momento de alegría que, sin embargo, estuvo precedido por largos días oscuros y difíciles. Durante años Heather y yo intentamos tener hijos biológicos sin éxito. Cuando nos convencimos de que nunca sucedería, iniciamos el proceso para adoptar a Caleb. Imaginen mi sorpresa cuando, dos semanas después de volver a casa con Caleb, Heather me sentó en nuestro sofá y pronunció esas dos palabras que creí que jamás escucharía: "Estoy embarazada". Yo estaba conmocionado. Al parecer, ¡lo que pasa en Kazajstán no se queda en Kazajstán!

¿Qué experiencias ha tenido que se relacionen con el nacimiento de un bebé?

¿Qué emociones siente al pensar en esas experiencias?

Al pensar ahora en nuestros años de infertilidad, Heather y yo aún recordamos el dolor del anhelo por tener hijos y encontrarnos cada mes con esos deseos incumplidos. Constantemente sentíamos la frustración que conlleva darse cuenta que un defecto físico nos impedía esta bendición.

En retrospectiva, estoy convencido de que el Señor usó esas experiencias para enseñarme una lección importante: que lo mismo puede decirse de la vida cristiana. Por diseño divino, Él creó a sus hijos de manera que se reproduzcan espiritualmente. Él tejió en el ADN de cada cristiano el deseo y la capacidad de reproducirse. El cristiano ansía ver a los pecadores salvados de manera sobrenatural mucho más que lo que una pareja desea reproducirse de manera natural. Todos aquellos que conocen el amor de Cristo anhelan multiplicar la vida de Cristo. Dios formó, diseñó e incluso llenó a los cristianos de Su Espíritu con este propósito.

Por lo tanto, creo que es razonable llegar a la conclusión de que si la relación de un cristiano no conduce a la reproducción, entonces hay algo en su esencia espiritual que no está bien. Para expresarlo con mayor claridad, donde quiera que halle a un cristiano que no esté guiando a hombres y a mujeres a Cristo y ayudándolos a crecer en su relación con Él, algo anda muy mal.

Ser un discípulo de Jesús implica hacer discípulos de Jesús.

¿Cuál es su reacción a las afirmaciones anteriores? ¿Por qué?

Algo anda mal en la vida de muchos cristianos de hoy. En algún lugar del camino hemos minimizado trágicamente lo que significa ser un seguidor de Jesús y virtualmente hemos ignorado la expectativa bíblica de que seamos pescadores de hombres. El resultado es una mentalidad desenfrenada de espectadores que desvía a los discípulos de las iglesias, impide la expansión del evangelio por el mundo y finalmente destruye la esencia de lo que para cada uno de nosotros significa ser cristiano.

Preguntas difíciles

Así que debo preguntar: ¿Se está reproduciendo? ¿Puede señalar a un hombre, una mujer o un niño al que específicamente haya proclamado el mensaje del evangelio en estos últimos meses? ¿Puede señalar a una persona a la que esté discipulando porque él o ella respondieron a esa proclamación?

¿Cómo responde a estas preguntas?

¿Desea reproducirse espiritualmente? En su interior, ¿desea ver a las personas llegar a conocer a Cristo a través de su vida?

Si no desea reproducirse y no ansía ver a las personas llegar a Cristo a través de su vida, entonces lo animo a que haga lo que dice 2 Corintios 13.5: "Examinaos a vosotros mismos si estáis en la fe". ¿Está Cristo en usted? Y si no lo está; si su corazón, su mente y su voluntad no fueron transformados a través del perdón de sus pecados y la plenitud de Su Espíritu, entonces, lo exhorto a que muera al pecado y a sí mismo y reciba la vida en Cristo.

¿Cuál es su reacción a las afirmaciones previas? ¿Por qué?

Por otra parte, si como discípulo de Jesús desea la reproducción espiritual y ansía ver cómo las personas llegan a conocer a Cristo a través de su vida, lo invito a dar un par de pasos intencionales hacia esa meta.

Todos los años preparo lo que llamo un "Plan personal para hacer discípulos". Básicamente, es mi esfuerzo en la gracia de Dios para establecer cómo quiero seguir a Cristo con todo mi corazón y ser durante ese año un pescador de hombres. Pido a cada ministro de nuestra iglesia y a cada miembro nuevo que sigan el mismo proceso. Oro para que cada seguidor de Cristo que yo tuve el privilegio de pastorear tenga un plan intencional de seguir a Cristo y ser un pescador de hombres. Ruego a Dios que esto también se cumpla en usted. Por lo tanto, lo invito a confeccionar su propio "Plan personal para hacer discípulos".

En este estudio, a partir de hoy y en lo adelante, encontrará al final de cada semana una pregunta directa. He intentado formular una sencilla pregunta principal, pero también he agregado preguntas para ayudarlo a profundizar lo que significa seguir a Jesús. No pretendo que estas preguntas sean exhaustivas, pero sí creo que son esenciales. Mi oración y mi esperanza es que puedan servirle para considerar lo que significa seguir a Cristo.

Sin más que agregar, aquí está la primera pregunta.

¿Cómo llenará su mente con la verdad?

La vida de un discípulo es la vida de un aprendiz. Constantemente adaptamos nuestros oídos a las Palabras de nuestro Maestro. Mientras nos enseña a través de su Palabra, Él nos transforma en el mundo. Él cambia nuestros pensamientos, nuestros deseos, nuestra voluntad, nuestras relaciones y nuestra razón para vivir.

Entonces, como discípulos de Jesús, nosotros debemos tener la intención de llenar nuestra mente con Su verdad. En las palabras de Pablo: "Por lo demás, hermanos, todo lo que es verdadero, todo lo honesto, todo lo justo, todo lo puro, todo lo amable, todo lo que es de buen nombre; si hay virtud alguna, si algo digno de alabanza, en esto pensad" (Filipenses 4.8).

Así que, tómese un tiempo para considerar cómo hará para intencionalmente llenar su mente con Su verdad. En concreto, responda las siguientes preguntas.

¿Cómo leerá la Palabra de Dios? Puede empezar con un plan para leer un capítulo por día, y tal vez este plan aumentará a dos, tres, cuatro o más capítulos al día. Puede ser que quiera usar un plan de lecturas bíblicas que cubra todas las Escrituras durante un tiempo en particular.[2] Si la Biblia es la revelación de la Palabra de Dios a los hijos de Dios, ¿no es el deber de cada cristiano leerla por completo?

¿Está satisfecho o insatisfecho con su plan actual para leer la Palabra de Dios? ¿Por qué?

¿Qué pasos puede seguir durante la próxima semana para comenzar a hacer un estudio más profundo de la Biblia?

¿Cómo puede memorizar la Palabra de Dios? A medida que lea busque versículos, párrafos o capítulos que parezcan significativos y aplicables a su vida. Luego memorícelos. De nuevo, tal vez quiera empezar estudiando un versículo por semana y luego agregar más a medida que aumentan sus deseos de guardar la Palabra de Dios en su corazón.

El apóstol Santiago nos ordena: "Recibid con mansedumbre la palabra implantada, la cual puede salvar vuestras almas" (Santiago 1.21). Este es un concepto importante. La Palabra de Dios es como una semilla que podemos recibir una y otra vez en nuestra mente y en nuestro corazón, una semilla que crece continuamente dentro de nosotros y nos cambia desde el interior.

¿Qué obstáculos le impiden memorizar la Palabra de Dios?

Medite en los beneficios que obtendrá si memoriza más y más de la Biblia. ¿Qué bendiciones espera obtener a través de esta actividad?

¿Qué medidas prácticas debe tomar para darse cuenta de estas bendiciones?

¿Cómo aprenderá la Palabra de Dios a través de otros? Leer, estudiar y entender la Biblia no es solo un esfuerzo individual, es un proyecto colectivo. Todos necesitamos personas que enseñen fielmente la Palabra de Dios y todos necesitamos hermanos y hermanas que nos animen constantemente a usar las Escrituras. Así que, como miembro de una iglesia y en su vida como cristiano, ¿cuál es su plan para aprender sistemáticamente la Palabra de Dios por medio de otros y con otros?

¿Qué obstáculos le impiden actualmente aprovechar al máximo los cultos de la iglesia?

¿Cómo se pueden superar estos obstáculos?

¿Qué pasos puede dar para interactuar con otros cristianos y comentar las Escrituras durante la semana?

Mientras piensa en un plan para leer, memorizar y aprender la Palabra de Dios, no se olvide que hacemos estas cosas como discípulos, no para informarnos sino para transformarnos. Una vez más pueden ayudarnos las palabras de Santiago: "Pero sed hacedores de la palabra, y no tan solamente oidores, engañándoos a vosotros mismos" (Santiago 1.22).

Como *creyentes* en Jesús, somos seguidores de Jesús. Esto quiere decir que no solo escuchamos la verdad de Cristo, sino que también la aplicamos. Nuestro objetivo como discípulos nunca es solo creer en la Palabra de Dios; nuestro objetivo es obedecer la Palabra de Dios.

POR LO TANTO, MIENTRAS PLANEA LLENAR SU MENTE CON LA VERDAD TAMBIÉN PROPÓNGASE SEGUIR AL ÚNICO QUE ES LA VERDAD.

Lea los capítulos 3 y 4 de "Sígueme" por David Platt (Tyndale 2013).

1. Elesha Coffman, *"What is the origin of the Christian fish symbol?"* ["¿Cuál es el origen del símbolo cristiano del pez?"] Revista *Christianity Today* [en línea], 8 de agosto de 2008 [citado el 28 de noviembre de 2012]. Disponible en internet (sitio en inglés: www.christianitytoday.com.)
2. *Reader's Guide to the Bible* [Guía para el lector de la Biblia] provee un plan de un año para leer la Biblia cronológicamente en segmentos diarios y con breves comentarios para ayudarlo a entender la lectura diaria. Solicite el artículo 005414497 en LifeWay Christian Resources.

DELÉITESE EN DIOS

Bienvenido de nuevo a este grupo de estudio de *Síganme*.

La actividad de aplicación de la semana pasada era leer cada día el mismo capítulo de la Biblia y usarlo para analizar la relación entre sus acciones y sus creencias. Si se siente cómodo, cuente a los demás lo que aprendió de esta experiencia.

Describa lo que más le gustó sobre el material de estudio de la semana 2. ¿Qué preguntas tiene?

¿Qué clase de comida es la que más le gusta?

¿Qué experimenta cuando se deja llevar por sus antojos y come lo que le gusta?

Lea en voz alta Juan 6.35-40:

> **Jesús les dijo: Yo soy el pan de vida; el que a mí viene, nunca tendrá hambre; y el que en mí cree, no tendrá sed jamás. Mas os he dicho, que aunque me habéis visto, no creéis. Todo lo que el Padre me da, vendrá a mí; y al que a mí viene, no le echo fuera. Porque he descendido del cielo, no para hacer mi voluntad, sino la voluntad del que me envió. Y esta es la voluntad del Padre, el que me envió: Que de todo lo que me diere, no pierda yo nada, sino que lo resucite en el día postrero. Y esta es la voluntad del que me ha enviado: Que todo aquel que ve al Hijo, y cree en él, tenga vida eterna; y yo le resucitaré en el día postrero.**

¿Se siente complacido y disfruta de su relación con Jesús? Explique. ¿Qué pasos puede dar un cristiano para aumentar su dependencia y deleite en Jesús? ¿Qué cosas que ama o desea en su vida evitan que experimente con profundidad el amor y el anhelo por Jesús?

Aplicación: A través de esta semana preste atención especial a las experiencias que disfruta realmente. Estas pueden involucrar la comida, la música, las conversaciones, el entretenimiento y otras. Cuando descubra algo que disfrute especialmente, realice un esfuerzo consciente para relacionar esa experiencia con Dios. Déle gracias por bendecirlo y exáltelo especialmente por ser el dador de todas las cosas buenas y la mejor fuente de satisfacción.

Lea la semana 3 y complete las actividades antes de la siguiente reunión del grupo.

Versículo para memorizar de esta semana:

Jesús les dijo: Yo soy el pan de vida; el que a mí viene, nunca tendrá hambre; y el que en mí cree, no tendrá sed jamás. Juan 6.35

Muchos consideran que Jonathan Edwards fue el mejor teólogo estadounidense. Siempre franco y directo, él no estaba de acuerdo con la manera en que algunas iglesias y algunos cristianos de su época se dejaban llevar por cultos muy emotivos y desprovistos de la Palabra de Dios. Tampoco le gustaba que otras iglesias y cristianos se jactaran de estar aferrados a la Palabra de Dios mientras que su adoración carecía de verdadera emoción.

Edwards creía que era un error intentar separar la verdad doctrinal y la emoción legítima. De hecho, afirmaba que era imposible tener una sin la otra:

Nuestros deleites exteriores, nuestros placeres terrenales, nuestra ambición, nuestra reputación y nuestras relaciones humanas; todas estas son cosas por las cuales sentimos deseos ávidos, un apetito voraz y un amor cálido y apasionado. En cuanto a estas cosas nuestro corazón es sensible y tierno, profundamente impresionable, fácilmente dispuesto, muy preocupado e involucrado en gran manera. [...]

Pero en cuanto a las cosas espirituales, cuán apagados nos sentimos. [...] Cuán duro y pesado nuestro corazón; podemos sentarnos y escuchar de la altura infinita, profundidad y anchura del amor de Dios y Jesucristo, de su entrega de su infinitamente amado Hijo, y quedarnos inmóviles, fríos e inconmovibles. Si hay algo por lo cual debiéramos entusiasmarnos, ¿no debiera ser por nuestra vida espiritual? ¿Acaso hay algo más inspirador, más emocionante, más adorable y deseable en el cielo o en la tierra que el evangelio de Jesucristo?[1]

Según Edwards, la fe debe abastecer los sentimientos. El conocimiento intelectual de Dios involucra, natural y necesariamente, un sentimiento emocional por Él. En otras palabras, los que nos sometemos a Dios como nuestra máxima autoridad también debiéramos deleitarnos en Él como nuestro Padre.

DELÉITESE EN DIOS

NUESTRO PADRE

Cuando regresamos de Kazajstán con Caleb, descubrimos enseguida que las personas expresan cosas muy extrañas al ver a alguien con un niño que obviamente es de otra etnia. La gente dice: "Es tan lindo... ¿También tienen hijos propios?" Y, por favor, tome nota de esa pregunta para que nunca se la haga a padres que hayan adoptado un niño. Cada vez que alguien nos preguntaba esto, nos sentíamos sumamente tentados a decirle: "Acérquese porque tengo un secreto que contarle: ¡Él es nuestro hijo!"

En otras ocasiones la gente miraba a Caleb, se daba cuenta que era adoptado y luego preguntaba: "¿Conocieron a su verdadera madre?" Mi respuesta a esa pregunta era rápida y concisa: "Bueno, sí. En realidad estoy casado con ella. Su nombre es Heather". Esa gente seguía: "Bueno, ya sabe lo que quiero decir…"; a lo que yo respondía: "Sí, sé lo que quiere decir. Mi bella esposa no es su madre falsa, es una madre auténtica y real".

¿Qué ideas o imágenes le vienen a la mente cuando oye la palabra adopción?

Mire, Caleb es nuestro hijo. No es un extraño ni es un extraterrestre en nuestra familia. No es parcialmente Platt, o un poco Platt o algo parecido a un Platt. Es un verdadero Platt, con todo lo que ello implique (para bien o para mal). Esta clase de preguntas y comentarios de personas con buenas intenciones no son solo una molestia para los padres que adoptan, también son síntomas de algo más profundo ya que reflejan lo poco que entendemos sobre lo que significa ser adoptado en una familia. Y si no entendemos de raíz el concepto de adopción, ¿cómo podemos darnos cuenta de lo que significa ser un hijo en la familia de Dios?

¿Cuál es su reacción a las afirmaciones anteriores? ¿Por qué?

Desde luego, Caleb se convirtió en nuestro hijo y ese no fue el fin de la historia. Fue el comienzo de una aventura en la que Caleb viviría como nuestro hijo. Hoy Caleb sabe que yo soy su padre y que él es mi hijo, no solo por el amor que le demostré años atrás al viajar hasta Kazajstán para adoptarlo, sino también por el amor que le profeso hoy día. No hay duda de que aunque su estatus en la familia se basa en lo que dictaminó un juez años atrás, su vida se basa en nuestra relación de todos los días mientras jugamos con los autos, lanzamos la pelota de béisbol, corremos por el patio y cantamos juntos.

Este ejemplo de la felicidad que se obtiene mediante una adopción terrenal es apenas un atisbo de la alegría mayor que se encuentra en la adopción celestial. No hay dudas de que nuestro estatus frente a Dios está asegurado desde el momento en que le damos la espalda al pecado y a nosotros mismos y confiamos en Jesús como nuestro Salvador y Señor. Pero nuestra vida está basada en la relación de amor que compartimos y disfrutamos cada momento de cada día mientras Dios, nuestro Padre, nos llena de afecto.

Dios se deleita en nosotros

En todo el Antiguo Testamento se llama a Dios por muchos nombres maravillosos y títulos majestuosos; pero pocas veces se describe como Padre. Esto, para ser exactos, solo sucede quince veces. Sin embargo, cuando leemos los evangelios, los cuatro primeros libros del Nuevo Testamento, vemos que a Dios se le llama Padre en 165 ocasiones. Y 164 de ellas ocurren en momentos en los que Jesús enseñaba específicamente a Sus discípulos.

En el Sermón del Monte, por ejemplo, mientras les explicaba a sus discípulos cómo orar, Jesús dijo: "Vosotros, pues, oraréis así: 'Padre nuestro que estás en los cielos, santificado sea tu nombre'" (Mateo 6.9). Sorprendentemente, esta es la primera vez en la Biblia que se invita a alguien a dirigirse a Dios en oración como Padre.

Las palabras de Jesús son al mismo tiempo asombrosas y significativas. Como cristianos tenemos el privilegio de conocer, adorar, hablar y relacionarnos con Dios como "nuestro Padre".

Lea el resto de la Oración Modelo en Mateo 6.9-13. ¿Qué es lo que más le gusta de esos versículos?

¿Cómo nos ayudan las palabras de la oración de Jesús para relacionarnos mejor con Dios como nuestro Padre

Este tema continúa a lo largo de todo el Nuevo Testamento. Nos dice que nuestro Padre Dios se deleita en perdonarnos (ver Mateo 6.11-15), en proveer para nosotros (ver los vv. 25-33), en guiarnos (ver Romanos 8.14), protegernos (ver v. 15), sustentarnos (ver 1 Corintios 8.6), consolarnos (ver 2 Corintios 1.3), dirigirnos (ver 1 Tesalonicenses 3.11), purificarnos (ver v. 13), disciplinarnos (ver Hebreos 12.5-11), cubrirnos (ver Santiago 1.17), llamarnos (ver Judas 1) y prometernos una herencia (ver Colosenses 1.12).

¿Por cuál de estas acciones de Dios se siente más agradecido? ¿Por qué?

Lea tres de las citas de las Escrituras del párrafo anterior. Luego escriba su reacción ante cada una.

1.

2.

3.

Me encanta la culminación de este tema en 1 Juan 3, donde se puede percibir el asombro y la emoción que manan de las palabras del apóstol: "Mirad cuál amor nos ha dado el Padre, para que seamos llamados hijos de Dios; por esto el mundo no nos conoce, porque no le conoció a él" (v. 1).

¿Percibe el profundo sentido de estas palabras? En teoría, la mayoría de los cristianos estarían de acuerdo en que Dios nos ama; pero, ¿ha experimentado usted Su amor en el aspecto emocional? ¿Entiende que usted le agrada a Dios? ¿Que Él le quiere? ¿Ha sentido que Dios se deleita en usted como Su hijo?

¿Cuál es su reacción a las preguntas anteriores? ¿Por qué?

Nosotros nos deleitamos en Dios

No crea ni por un segundo que este deleite es solo para una de las partes. Al igual que Dios se deleita en amarnos y en cuidarnos como hijos suyos, también nosotros debemos experimentar el mismo gozo al acudir a Él como nuestro Padre. Debemos sentir un incontenible amor por Dios y cada día debemos encontrar maneras de expresar ese amor.

En otras palabras, ser un seguidor de Jesús implica mucho más que un acuerdo intelectual con la Biblia y la doctrina cristiana. Ser un seguidor de Jesús implica un afecto emocional por Cristo.

David entendía esto:

Una cosa he demandado a Jehová, ésta buscaré;
que esté yo en la casa de Jehová todos los días de mi vida,
para contemplar la hermosura de Jehová, y para inquirir en su templo.
Salmos 27.4

Lea el Salmo 30.1-12. ¿Cómo expresan estos versículos el deleite que sentía David por Dios?

Pablo y Silas entendían este concepto y lo ponían en práctica aun después de haber sido arrestados y atados con cadenas: "Pero a medianoche, orando Pablo y Silas, cantaban himnos a Dios; y los presos los oían" (Hechos 16.25).

Los habitantes del cielo también entendían este concepto:

Decían a gran voz: El Cordero que fue inmolado es digno de tomar el poder,
las riquezas, la sabiduría, la fortaleza, la honra, la gloria y la alabanza.
Apocalipsis 5.12

¿Cuándo ha experimentado usted un momento poderoso durante la adoración a Dios?

¿De qué otra manera expresa su afecto por Cristo?

Hubo un tiempo en que Caleb y yo jugábamos a que yo lo señalaba desde un extremo de la habitación y le gritaba: "¡Yo quiero a Caleb!" y entonces él me miraba y respondía: "¡Yo quiero a papi!"

Un día, mientras hacíamos esto y Caleb se reía, se paró en seco, me miró y me preguntó: "¿Me quieres?" Yo le contesté: "Sí, pequeño, te quiero".

Y luego hizo la pregunta que parecía ser su favorita: "¿Por qué?"

Y yo le respondí: "Porque eres mi hijo".

Entonces, él repitió la pregunta: "¿Por qué?"

Esta vez pensé: *Bueno, ahora sí que esta es una buena pregunta. De todos los niños del mundo, ¿por qué quiero a este precioso pequeño que está frente a mí como mi hijo?* Pensé en todos los factores que nos habían guiado a Heather y a mí a Kazajstán y todas las alegrías y decepciones de cuando nos preguntábamos si alguna vez tendríamos hijos. Finalmente le dije: "Eres nuestro hijo porque quisimos tenerte y fuimos a buscarte para que pudieras tener una mamá y un papá".

Comprenda que Dios lo quiere y lo desea. ¡Usted le gusta! Él sacrificó más de lo que usted puede imaginar para que usted fuera Su hijo. No acepte ese amor pasivamente. Si es un seguidor de Jesús, deléitese en seguirlo.

AHORA MISMO, CORRA A SUS BRAZOS Y DÍGALE: "PADRE MÍO".

JESÚS SATISFACE NUESTROS DESEOS

El deseo es una característica que nos distingue como seres humanos. Todos tenemos deseos y antojos, cosas que queremos experimentar, poseer o llegar a ser. A veces nuestros deseos son los mismos. Por ejemplo, todos deseamos comida y agua, especialmente si una o la otra escasean. La mayoría de las personas desean amar y ser amadas. La mayoría de nosotros también queremos alcanzar el éxito o algún objetivo en nuestro ámbito de influencia.

Muchas veces nuestros deseos son diferentes y eso, por lo general, es lo que nos sirve para diferenciarnos como individuos. Algunas personas buscan atención y adoran ser el centro, mientras que otros prefieren permanecer en el anonimato. A algunos les gustan los sabores exóticos y las especias y otros prefieren la carne con papas.

Escriba tres cosas que haya deseado de todo corazón durante las últimas semanas.

1.

2.

3.

¿Cree que sus deseos son mayormente positivos o negativos? Explique.

Ayer comenzamos a ver el concepto de deleitarse en Dios y en nuestra relación con Él como nuestro Padre, de la misma manera en que Él se deleita en amarnos como Sus hijos. Tristemente, nuestros deseos suelen convertirse en obstáculos que evitan que experimentemos esa relación de manera plena y no como solemos esperar que suceda.

Creo que muchos seguidores de Cristo se han convencido de que sus deseos naturales y su deseo por Dios se excluyen mutuamente. En otras palabras, creen que buscar a Dios está bien mientras que los demás deseos como el éxito, la compañía humana, la diversión, la seguridad y demás están mal. Esta es una creencia falsa.

En realidad no tenemos que elegir entre satisfacer nuestros deseos naturales y anhelar a Dios. Sino que Dios es tanto la fuente como la satisfacción de nuestros deseos.

Dios es la fuente

Cuando pensamos en Adán y Eva en el jardín del Edén, hacemos bien en pensar en el paraíso. Imaginamos un lugar perfecto diseñado perfectamente para suplir las necesidades del ser humano.

Pero no debemos pensar en el Edén como un lugar que carece del deseo humano. Observe el siguiente pasaje bíblico:

> **Y Jehová Dios plantó un huerto en Edén, al oriente; y puso allí al hombre que había formado. Y Jehová Dios hizo nacer de la tierra todo árbol delicioso a la vista, y bueno para comer; también el árbol de vida en medio del huerto, y el árbol de la ciencia del bien y del mal. Génesis 2.8-9**

Solo en estos dos versículos podemos ver el reflejo de varios deseos humanos. Los árboles del jardín eran "deliciosos a la vista", lo que implica el deseo humano de la belleza. También eran "buenos para comer", lo que refleja el anhelo por una nutrición física. El "árbol de la vida" y el "árbol de la ciencia del bien y del mal" implican un deseo de longevidad y propósito moral.

Así que aquel jardín paradisíaco donde estaban Adán y Eva no era un lugar donde los humanos no tuvieran necesidades o deseos. Por el contrario, era un lugar donde el mismo Dios que los había creado suplía sus necesidades y deseos.

¿Cuál es su reacción a lo afirmado previamente? ¿Por qué?

Lea Génesis 2.10-25. ¿Qué otros deseos humanos se ven reflejados en estos versículos?

Esto mismo se cumple en nuestra vida. Usted y yo tenemos antojos y deseos, no debemos luchar contra ellos. En cambio, debemos reconocer que estos se originan en Dios. Él nos diseñó con deseos de agua, comida, amigos, sentido, propósito y mucho más.

Sin embargo, nos metemos en problemas cuando permitimos que nuestros antojos y deseos nos alejen de nuestro Creador. Eso fue lo que les pasó a Adán y Eva:

> **Entonces la serpiente dijo a la mujer: No moriréis; sino que sabe Dios que el día que comáis de él, serán abiertos vuestros ojos, y seréis como Dios, sabiendo el bien y el mal. Y vio la mujer que el árbol era bueno para comer, y que era agradable a los ojos, y árbol codiciable para alcanzar la sabiduría; y tomó de su fruto, y comió; y dio también a su marido, el cual comió así como ella. Génesis 3.4-6.**

¿Qué le resulta más interesante en estos versículos? ¿Por qué?

¿Qué deseos querían satisfacer Adán y Eva al comer la fruta?

La tragedia de esta historia es que Adán y Eva creyeron la mentira de que sus deseos solo se podrían satisfacer lejos de Dios. Que tenían que desobedecer a Dios y actuar en secreto para experimentar el verdadero placer. Lamentablemente, este intento de Adán y Eva de alimentar sus estómagos hizo que terminaran alejándose del Único que podía llenar su alma.

Todavía más triste es que todos nosotros cometamos el mismo error.

Solo Dios satisface

Muchos años después de que Adán y Eva dejaron el huerto, Dios actuó para recordar a Su pueblo que Él era la única fuente de satisfacción para sus deseos. Después de ser rescatados de Egipto, los israelitas vagaron por el desierto desesperados por encontrar comida. Dios, en su misericordia, envió maná del cielo y bandadas de codornices para alimentarlos.

Lea Éxodo 16.1-12. Describa la actitud de los israelitas en este pasaje.

¿Cuáles fueron las motivaciones de Dios para proveer el maná y las codornices?

Fíjese que uno de los objetivos de Dios al alimentar a su pueblo era satisfacer su hambre, suplir el deseo de comer que experimentaron y que Él mismo había diseñado. Pero Dios también pretendía recordar a los israelitas que Él era la única fuente de satisfacción para todos sus deseos. Él dijo: "Al caer la tarde comeréis carne, y por la mañana os saciaréis de pan, y sabréis que yo soy Jehová vuestro Dios" (v. 12).

Muchos años después Jesús utilizó un método de enseñanza similar frente a una gran multitud de personas hambrientas. Los primeros versículos de Juan 6 describen cómo Jesús alimentó milagrosamente a cinco mil hombres y a sus familias usando solo cinco hogazas de pan y dos pequeños peces; un suceso que seguramente les recordó a las personas cómo Dios había provisto de maná y codornices a los israelitas.

68   SÍGANME

La multitud volvió a encontrarse con Jesús al día siguiente y quería más. Ya habían comido hasta saciarse, pero ahora estaban otra vez hambrientos. Y volvieron a acudir a Jesús para satisfacer su necesidad básica de comer.

¿De qué maneras Dios le ha provisto para sus necesidades básicas?

Sin embargo, Jesús no quería permanecer en el nivel de anhelos básicos. Quería satisfacer sus deseos más profundos: sus anhelos espirituales. Él dijo: "No os dio Moisés el pan del cielo, mas mi Padre os da el verdadero pan del cielo" (Juan 6.32). Jesús aclaró bien que el pan que viene de Dios es muy superior al maná que vino a través de Moisés. Naturalmente, la multitud demandó: "Danos siempre este pan" (v. 34) y así se preparó el camino para una sorprendente declaración.

Jesús les dijo: "Yo soy el pan de vida; el que a mí viene, nunca tendrá hambre; y el que en mí cree, no tendrá sed jamás" (v. 35). En una dramática declaración, Jesús anunció a las multitudes que Él era la provisión de Dios y que fue enviado para llenar su alma. En esencia, Jesús le dijo a la multitud: "Si quieren ser saciados, depositen en mí su fe".

¿Cuál es su experiencia de Jesús como el "pan de vida"?

Las declaraciones de Jesús tienen grandes consecuencias para aquellos que quieren entender lo que significa seguirlo. Llegar a Jesús o creer en Él es buscarlo para satisfacer su alma para siempre. Llegar a Jesús es probar y comprobar que Él es bueno (ver Salmos 34.8) y hallar en Él el fin de todos sus deseos.

JESÚS ES TANTO LA FUENTE COMO LA SATISFACCIÓN DE NUESTROS DESEOS, Y SEGUIRLO ES EXPERIMENTAR EL PLACER ETERNO QUE SOBREPASA Y SOBREVIVE A LOS PLACERES TEMPORALES DE ESTE MUNDO.

JESÚS OFRECE EL VERDADERO PLACER

La mayoría de los cristianos entienden que Jesús es nuestro proveedor. Esto quiere decir que Él satisface nuestras necesidades de comida, agua, refugio y las demás necesidades. También sabemos que Jesús es nuestro Señor. Lo que significa que Él satisface nuestro deseo de tener un sentido y un propósito en la vida. Y, finalmente, entendemos que Jesús es nuestro Salvador. Esto quiere decir que Él satisface nuestro deseo de obtener el perdón y la vida eterna.

¿Pero qué me dice del placer? ¿Qué me dice acerca de nuestro deseo diario no solo de sentirnos realizados sino también de ser felices? ¿Qué me dice de nuestra necesidad de aprovechar el día y disfrutar un poco la vida?

Después de todo, podemos satisfacer el apetito de comida al comer un plato de arroz blanco. Eso satisfará su hambre. Pero, como alguien que ha vivido en Nueva Orleans, puedo decirle que suplir esa necesidad comiendo una sopa de quimbombó con mariscos (gumbo), con frituritas de maíz y un buñuelo (beignet) de postre es otra cosa, esta es una experiencia diferente. Eso le dará placer.

¿Qué ideas o imágenes le vienen a la mente cuando oye la palabra *placer*?

¿Cree que buscar oportunidades para experimentar placer es un objetivo positivo o negativo? Explique.

La búsqueda del placer

Como seguidores de Jesús, creemos que Él es el único camino para obtener el perdón de nuestros pecados y alcanzar la vida eterna. Esto lo deja en claro la Palabra de Dios: "Jesús le dijo: 'Yo soy el camino, y la verdad, y la vida; nadie viene al Padre, sino por mí'" (Juan 14.6).

Y aun así los cristianos también creen que cuando se trata de proporcionar placer, el mundo acaparó el mercado. Digámoslo o no en voz alta, sentimos que necesitamos dejar de seguir a Jesús cuando ya no podemos resistir las ganas de divertirnos un poco.

¿Qué actividades ha buscado en los últimos meses para divertirse o experimentar placer?

¿Qué relación tienen esas actividades con su compromiso de seguir a Cristo?

Debido a esta manera de pensar, algunos cristianos ven la salvación como una transacción de negocios, como un acuerdo que implica abandonar las cosas que amamos del mundo para aceptar las cosas que, si somos sinceros, detestamos. Tal vez estemos dispuestos a "tomar una decisión por Cristo" para salvar nuestro pellejo durante toda la eternidad pero, a decir verdad, nos gustan mucho las cosas del mundo y realmente queremos las cosas del mundo por el placer que nos brindan.

Así que nos vemos en una encrucijada. Reconocemos que debemos esforzarnos por seguir a Cristo. Y, sin embargo, muy dentro de nosotros sabemos que los placeres, los pasatiempos, los aplausos y las posesiones del mundo son mucho más tentadoras. Esta es la razón por la que con frecuencia es difícil distinguir entre la vida de un cristiano y la de un no cristiano. Profesamos fe en Cristo, sin embargo, somos tan sensualistas, tan humanistas y tan materialistas como el resto del mundo que nos rodea.

¿Cuál es su reacción a las afirmaciones anteriores?

¿Cuándo se ha sentido atrapado entre su deseo de seguir a Jesús y el de experimentar placeres? ¿Qué sucedió después?

Entonces, ¿cuál es la respuesta? ¿Somos mejores cristianos si trabajamos duro para suprimir nuestro deseo de placer? ¿Nos resignamos a una vida de rutinas huecas y un contentamiento frío?

No. La solución no es dejar de buscar placer, sino buscar más placeres. Debemos buscar la clase de felicidad y alegría que viene del verdadero deleite en Cristo y que permite que Él cambie nuestros afectos.

Buscar el placer a través de Cristo

Me encanta lo que C.S. Lewis escribió sobre este tema:

Si consideramos las desvergonzadas promesas de retribución y la sorprendente naturaleza de las recompensas que promete el evangelio, parecería que el Señor considera que nuestros deseos no son muy fuertes, sino muy débiles. Somos criaturas poco entusiastas que pierden el tiempo entre la bebida, el sexo y la ambición cuando nos están ofreciendo un gozo infinito. Somos como un niño ignorante que quiere seguir haciendo pasteles de lodo en un callejón del barrio porque no puede imaginar lo qué significa que le ofrezcan unas vacaciones en la playa. Somos demasiado fáciles de complacer.[2]

En Juan 6, Jesús habla a varias de esas criaturas poco entusiastas, gente más interesada en un pedazo de pan que en un encuentro con el Creador del universo que le puede cambiar la vida. Unos capítulos antes Jesús había tenido una conversación parecida con una mujer que extraía agua de un pozo. Esta era una mujer que no iba tras el placer de todo corazón, sino a medias.

Lea Juan 4.4-15. ¿Qué parte de estos versículos le resulta más interesante?

¿Cómo se comparan las palabras de Jesús en Juan 4 con las declaraciones que hizo sobre el "pan de vida" en Juan 6?

Lo interesante sobre el final de la conversación de Jesús con la mujer samaritana es que Él hizo un esfuerzo por exponer el pecado de ella. Le dijo directamente que ella había tenido cinco maridos y que ahora vivía con un hombre que no era su marido (v. 18). En otras palabras, era una adúltera.

¿Por qué Jesús expuso a la mujer de esa manera? Porque quería que ella tuviera una clara imagen de la trayectoria de su vida. Ella había intentado satisfacer sus deseos por medios ajenos a la voluntad de Dios. Había adoptado los métodos del mundo para obtener placeres pero estos no funcionaban. Su vida era un desastre.

Jesús le ofreció una mejor alternativa: Él mismo. Luego que la mujer intentara cambiar de tema hablando sobre el anunciado Mesías, Jesús arrojó la noticia como una bomba: "Jesús le dijo: 'Yo soy, el que habla contigo'" (v. 26).

Lea Juan 4.27-42. ¿Cuáles fueron las consecuencias del encuentro de la mujer con Jesús?

¿Cuándo fue la primera vez que usted se encontró con Jesús como el Mesías?

Cuando Jesús transforma nuestros deseos, nos damos cuenta que los problemas que tenemos en este mundo con el pecado no son porque queremos mucho placer, sino por lo poco que queremos el placer. Es una tragedia que tantos que se llaman cristianos vayan tras la siguiente tentación, la casa más grande, las mejores posesiones, el siguiente objetivo, más fama, más éxito y un estilo de vida más cómodo. La búsqueda de placeres en este mundo refleja falta de contentamiento en Cristo. Y aun más, refleja una falta de conexión con Cristo.

Los verdaderos discípulos de Jesús han aprendido a rechazar alegremente las baratijas que ofrece este mundo (sexo, dinero, orgullo, éxito y demás) porque han hallado un tesoro mayor en Cristo: Hallaron placer en Él.

¿Cuál es su reacción a las afirmaciones previas? ¿Por qué?

¿De qué maneras experimenta usted placer a través de su relación con Jesús?

No estoy diciendo que cada oportunidad placentera del mundo esté mal o se deba evitar. Dios nos ha dado muchos regalos que debemos disfrutar, regalos que deben darnos placer. Nuestras papilas gustativas están diseñadas para sentir placer con una buena comida. Nuestros ojos están hechos para experimentar placer ante un paisaje hermoso. Nuestros oídos están formados para sentir placer con la buena música. Nuestros cuerpos están diseñados para sentir placer en la intimidad física con nuestro cónyuge.

Pero, en medio de todos estos placeres que estamos destinados a perseguir, siempre debemos recordar que nuestros deseos más profundos no son por algo sino por Alguien. La satisfacción definitiva no se encuentra en los regalos que disfrutamos, sino en el Dador que los provee:

PORQUE EL PAN DE DIOS ES AQUEL QUE DESCENDIÓ

DEL CIELO Y DA VIDA AL MUNDO. JUAN 6.33

ANALICE LA VIDA CRISTIANA

En mi vida he encontrado muy pocas personas que disfruten hacer las tareas de la casa, cosas como sacar la basura, limpiar el baño, lavar los platos y demás.

La mayor parte de las veces encaramos estas tareas con poca motivación. En realidad no queremos hacerlas, pero sabemos que son necesarias. Así que nos ponemos a trabajar y manos a la obra. Sin embargo, otras veces aborrecemos activamente hacer esas tareas. Las odiamos y tienen que obligarnos y regañarnos antes que las hagamos.

¿Qué tareas de la casa le gustan menos? Escriba tres.

1.

2.

3.

Me temo que muchos seguidores de Jesús han incorporado varias tareas religiosas a su vida cristiana. Creen que hay ciertos quehaceres que todo cristiano debe realizar aunque no se sienta motivado y aunque honestamente no le agrade hacerlos.

Y lo que es aún peor, me temo que muchos de esos que se dicen cristianos usen esas tareas religiosas como medio para verificar su identidad cristiana y justificar sus prácticas mundanas. Por ejemplo, muchos de estos supuestos seguidores de Cristo intentan excusar su comportamiento inapropiado de los viernes por la noche yendo a la iglesia el domingo por la mañana. Creen que ver pornografía y participar de los chismes no es gran cosa si tienen un tiempo devocional. Estas ideas reflejan la influencia de una religión superficial, algo que ya vimos anteriormente en este estudio.

¿Cuál es su reacción a las afirmaciones anteriores? ¿Por qué?

Así que hoy quiero dar un paso atrás y analizar nuestras motivaciones para vivir una vida cristiana. ¿Por qué como cristianos hacemos las cosas que hacemos? Y, ¿qué dicen nuestras motivaciones acerca de nuestra relación con Cristo?

Por qué los cristianos leen la Biblia

Para las personas que aún no han nacido de nuevo, las palabras de las Escrituras parecen tediosas, aburridas e incluso ridículas. Pero para aquellos que son seguidores de Jesús (para los hombres y mujeres cuyos corazones han sido transformados por la búsqueda apasionada del fiel amor de Cristo) Sus palabras son invalorables. No solo las leen, sino que también reflexionan en ellas. No solo las escudriñan sino que las disfrutan. No solo las analizan sino que, además, las ponen en práctica.

Así es como los personajes bíblicos se refieren a la Palabra de Dios. Lea, por ejemplo, este salmo:

> **¡Oh, cuánto amo yo tu ley!**
> **Todo el día es ella mi meditación.**
> **Me has hecho más sabio que mis enemigos con**
> **tus mandamientos, porque siempre están conmigo.**
> **Más que todos mis enseñadores he entendido,**
> **porque tus testimonios son mi meditación.**
> **Salmos 119.97-99**

Lea los siguientes pasajes de las Escrituras y escriba qué transmiten sobre la Palabra de Dios

Salmos 19.7-11

Salmos 119.169-176

¿Qué emociones experimenta usted al leer la Palabra de Dios? ¿Por qué?

Cuando Jesús terminó sus 40 días de ayuno en el desierto, las Escrituras dicen que "tuvo hambre" (Mateo 4.2). Bueno, ¡por supuesto! Las Escrituras también dicen que Satanás llegó a tentarlo en ese momento de debilidad física, sugiriéndole que transformara las piedras en pan para tener algo de comer. Jesús respondió citando un versículo de Deuteronomio:

Él respondió y dijo: "Escrito está: 'No sólo de pan vivirá el hombre, sino de toda palabra que sale de la boca de Dios'". Mateo 4.4

Estas no son simples palabras huecas de nuestro Salvador. Para los verdaderos discípulos de Cristo, la Biblia es nuestro pan de cada día. Es más importante, más valiosa, más atesorada y más deseada incluso que el desayuno, el almuerzo y la cena. En otras palabras, los discípulos de Jesús leían la Biblia porque querían leerla y no porque debían leerla.

¿Y usted qué me dice? ¿Ama la Palabra de Dios? Cuando la abre, ¿es como si descubriera un valioso tesoro? ¿Son las palabras en sus páginas la alegría de su corazón?

¿Cuál es su reacción a las preguntas anteriores?

¿Cómo puede trabajar con el Espíritu Santo para aumentar su aprecio por la Palabra de Dios?

¿Por qué oran los cristianos?

De manera similar, los verdaderos discípulos de Jesús oran porque ansían comunicarse con Dios. Tienen un deseo verdadero de sentirse conectados con Cristo y de involucrarlo en cada decisión con la que se enfrentan; por lo tanto, siempre hallan la manera de hacer lo que dice en 1 Tesalonicenses 5.17: "Orad sin cesar".

Y aun así, solemos olvidarnos de esto. La mayoría de nosotros hemos aprendido a orar y a pensar en la oración como un simple medio para pedir cosas. "Bendíceme, ayúdame, protégeme, provee para mí". Estas suelen ser las únicas palabras que salen de nuestra boca cuando inclinamos nuestra cabeza. Nuestras oraciones son solo una lista de las cosas que necesitamos y de las cosas que queremos. Por consecuencia, la oración nos complace cuando Dios responde como le pedimos y nos quedamos perplejos cuando no lo hace.

¿Alguna de estas descripciones se parecen a la manera en que usted ora? Explique.

¿Y si la oración no fuera solo darle a Dios una lista de cosas para hacer? Después de todo, Jesús dijo a sus discípulos: "Porque vuestro Padre sabe de qué cosas tenéis necesidad, antes que vosotros le pidáis" (Mateo 6.8).

El propósito de la oración no es que un discípulo le pase información a Dios; el propósito de la oración es que un discípulo experimente la intimidad con Dios. Por esto Jesús dijo a sus discípulos: "Cuando ores, entra en tu aposento, y cerrada la puerta, ora a tu Padre que está en secreto" (Mateo 6.6). Encuentra un lugar, dijo Jesús. Aparta un tiempo. Quédate a solas con Dios.

Yo creo que esta práctica revolucionará por completo su vida. No solo su vida de oración, sino toda su vida. Cuando un discípulo está a solas con Dios, sucede algo que no se puede describir con palabras. En un lugar tranquilo, a puertas cerradas, cuando usted o yo nos hallamos en comunión con el Dios del universo, infinitamente grande e indescriptiblemente bueno, experimentamos una alegría a la que ninguna persona ni ninguna otra cosa en el mundo puede comenzar a compararse.

¿Se encuentra satisfecho con su actual vida de oración? ¿Por qué o por qué no?

¿Cuáles son sus motivaciones principales para orar?

¿Por qué adoran los cristianos?

¿Por qué adoramos a Dios? Porque queremos a Dios. Exaltamos a Dios precisamente porque disfrutamos de Él. Piense en los fanáticos del deporte que entonan cantos de elogios a sus atletas favoritos. Piense en cómo los recién casados suelen exaltar a sus cónyuges. Piense en la manera en que las personas alardean de sus comidas, canciones, películas o libros favoritos.

¿No es esta la esencia de la adoración? Cuando usted se deleita en algo, no puede evitar declararlo. Cuando adora algo, automáticamente anuncia su adoración, ¡no puede esperar para contárselo a los demás!

Por lo tanto, los verdaderos seguidores de Cristo usamos nuestros labios y nuestra vida para ensalzar al Único que amamos más que a ningún otro. Nos deleitamos en adorar a Dios.

¿En qué actividades de adoración suele participar?

¿Disfruta de esas actividades? Explique.

Entonces, la pregunta es clara: ¿Se deleita usted en Dios? ¿Se siente emocionalmente abrumado, incluso ahora mismo, ante la idea de ser Su hijo? ¿En verdad ha probado Su placer trascendente de forma tal que lo motive a leer Su Palabra, orar, adorar, ayunar, dar y propagar el evangelio, además de cientos de otras acciones que su afecto hacia Dios motivan?

AHÍ ESTÁ ES EL CORAZÓN DE SEGUIR A JESÚS:

DISFRUTAR A DIOS COMO PADRE A TRAVÉS DE CRISTO, SU HIJO.

PLAN PERSONAL PARA FORMAR DISCÍPULOS: CÓMO AVIVAR SU AMOR POR DIOS

Hoy llegamos a la mitad de este estudio y tal vez se sienta algo aturdido. Puede sentirse condenado. Puede sentirse atacado. Quizá desee tener una relación más estrecha con Cristo o un deseo más profundo por Él. Tal vez hasta se pregunte si realmente es usted cristiano.

Si experimenta esa clase de reacciones, lo comprendo. Yo también las experimenté y mucho más durante el proceso de escribir este estudio. Y eso es bueno. Estamos comentando principios desafiantes y respondiendo preguntas difíciles, así que debemos sentir el peso de estas experiencias.

Pero también déjeme animarle a no permanecer bajo ese peso mucho tiempo como para que le aplaste. No pierda el tiempo castigándose a sí mismo. No se deje desanimar hasta el punto de quebrantar el statu quo o darse por vencido en su idea de servir a Cristo.

En cambio, comprométase a seguir adelante. Y comprométase a hacerlo con la ayuda de Dios. Si identificó aspectos en los que puede mejorar como seguidor de Jesús, empéñese en hacer todo lo que pueda para mejorar, empezando con el plan personal para formar discípulos. Luego pida a Dios que le dé la fuerza y la convicción para lograr cualquier otra cosa necesaria.

Confíe en mí: puede progresar como un seguidor de Jesús que se deleita en Dios y produce un impacto en el mundo a su alrededor.

¿Cómo adorará?

La Biblia nos recuerda que todo en la vida es adoración. Cada experiencia es una oportunidad para declarar nuestro deleite en Dios y adorar Su nombre.

Pablo escribió a la iglesia de Roma: "Así que, hermanos, os ruego por las misericordias de Dios, que presentéis vuestros cuerpos en sacrificio vivo, santo, agradable a Dios, que es vuestro culto racional" (Romanos 12.1). Y a la iglesia de Corinto: "Si, pues, coméis o bebéis, o hacéis otra cosa, hacedlo todo para la gloria de Dios" (1 Corintios 10.31). Estas instrucciones también se aplican a nosotros.

Además del culto del domingo en la iglesia, ¿cuándo hace un esfuerzo por adorar a Dios?

¿Suele estar satisfecho con el resultado de su adoración? Explique.

¿Qué pasos puede dar para adorar a Dios en su vida diaria?

Además de su adoración individual, recuerde que las Escrituras nos exhortan a reunirnos regularmente con la iglesia para alabarlo (ver Hebreos 10.24-25). Comprométase a reunirse semanalmente con sus hermanos y hermanas para expresar su deseo y su deleite en Dios.

¿Qué pasos puede dar para aprovechar al máximo sus experiencias en la iglesia?

¿Cómo orará?

Jesús dijo: "Mas tú, cuando ores, entra en tu aposento, y cerrada la puerta, ora a tu Padre que está en secreto" (Mateo 6.6). En otras palabras, busque un lugar y aparte un tiempo para estar con el Padre. Sí, la Palabra de Dios nos enseña que debemos orar sin cesar (1 Tesalonicenses 5.17), pero he descubierto que una oración específica en determinado momento es el mejor incentivo para orar sin cesar.

¿Qué tiempo y lugar apartará esta semana para estar en comunión con su Padre?

¿Qué barreras necesita quitar para practicar en forma sistemática la disciplina de la oración?

Esta manera enfocada y concentrada de orar tiene una recompensa. Así lo expresa la segunda parte de Mateo 6.6: "Mas tú, cuando ores, entra en tu aposento, y cerrada la puerta, ora a tu Padre que está en secreto; *y tu Padre que ve en lo secreto te recompensará en público*" (énfasis del autor).

Esta recompensa es profundamente emocional. A través de la oración experimentamos una impresionante adoración y un gran afecto por Dios. Vivimos una confesión y un arrepentimiento de corazón por nuestros pecados. Y también experimentamos una inmensa gratitud y alabanza porque nuestros pecados son perdonados. Además, se nos da la oportunidad de clamar a Dios para que cumpla con nuestras necesidades más profundas. Expresamos los deseos de nuestra alma, no porque queramos informar a Dios sino porque confiamos en Su provisión.

La oración nos permite tener momentos de una relación profunda y personal con Dios, momentos que nos dan tanto placer como satisfacción.

Describa qué disfruta más de sus experiencias con la oración.

¿Cuáles son sus metas a largo plazo para lograr una relación más íntima con Dios a través de la oración?

¿Qué pasos puede dar a corto plazo para acercarse a estas metas?

¿Cómo ayunará?

La idea de ayunar puede ser totalmente nueva para usted, pero las palabras de Jesús a sus discípulos implican que debemos apartar la comida regularmente para alimentarnos solo de Dios:

> **Cuando ayunéis, no seáis austeros, como los hipócritas; porque ellos demudan sus rostros para mostrar a los hombres que ayunan; de cierto os digo que ya tienen su recompensa. Pero tú, cuando ayunes, unge tu cabeza y lava tu rostro, para no mostrar a los hombres que ayunas, sino a tu Padre que está en secreto; y tu Padre que ve en lo secreto te recompensará en público. Mateo 6.16-18**

¿Sus experiencias con el ayuno han sido positivas o negativas? ¿Por qué?

¿Qué espera conseguir al ayunar?

Si nunca antes ayunó, lo animo a que empiece dejando una comida cada semana. Cuando llegue la hora de ese desayuno, almuerzo o cena, tome esa hora en la que comería y dedíquela a orar o a leer la Palabra de Dios.

Una vez que se haya acostumbrado a esta práctica y descubra el valor de este tiempo (confíe en mí, una hora con Dios le será de gran provecho), planee ayunar dos comidas de un día y luego durante un período de 24 horas. A medida que progrese con el ayuno, puede considerar ayunar unos días seguidos con regularidad. De cualquier modo, espero que su plan sea ayunar de alimentos para llenarse de Dios y deleitarse en Él.

¿Qué comida pasará por alto esta semana para alimentarse de Dios y de Su Palabra?

¿Qué pasos puede dar para crear una rutina en la disciplina del ayuno?

¿Cómo ofrendará?

Al pensar en aumentar su afecto hacia Dios, puede que ofrendar no sea lo primero que venga a su mente. Pero lo que Jesús enseña en las Escrituras acerca de ofrendar se encuentra asociado directamente con lo que enseña sobre el ayuno y la oración. Y, ciertamente, justo después de enseñar a sus discípulos acerca de la oración y el ayuno, Jesús pronunció estas palabras:

> **No os hagáis tesoros en la tierra, donde la polilla y el orín corrompen, y donde ladrones minan y hurtan; sino haceos tesoros en el cielo, donde ni la polilla ni el orín corrompen, y donde ladrones no minan ni hurtan. Porque donde esté vuestro tesoro, allí estará también vuestro corazón. Mateo 6.19-21**

Fíjese en el lazo que une el dinero y nuestros afectos. Según Jesús, nuestro dinero no solo refleja nuestro corazón, sino que nuestro corazón va tras el dinero. Por lo tanto, una de las maneras más efectivas de aumentar su amor por Dios es darle sus recursos como prueba de obediencia a Él.

¿Cuáles son sus hábitos en cuanto a ofrendar dinero, posesiones y tiempo al reino de Dios?

¿Cuáles han sido sus principales motivos para ofrendar?

¿Qué hará, como discípulo de Jesús, para ofrendar a la iglesia y a aquellos que lo necesiten de manera voluntaria, con generosidad, sacrificio y alegría?

¿Qué dará a aquellos en el mundo que están necesitados?

Seguir a Jesús no solo significa confiar en Él de manera intelectual sino también desearlo emocionalmente. Hemos visto que es imposible separar la verdadera fe en Cristo de los profundos sentimientos por Él.

POR LO TANTO, COMO DISCÍPULOS DE JESÚS, DEBEMOS ADORAR,

ORAR, AYUNAR Y OFRENDAR CON TODA INTENCIÓN

PARA AUMENTAR NUESTRO AFECTO HACIA DIOS.

Lea el capítulo 5 de "Sígueme" por David Platt (Tyndale 2013).

1. Edwards, Jonathan, *Religious Affections* [Sentimientos religiosos], resumido y actualizado por Ellyn Sanna, Barbour Publishing, Uhrichsville, OH, 1999, pp. 46-48.
2. Lewis, C. S., *"The Weight of Glory"* [El peso de la gloria] en El peso de la Gloria: y otras prédicas, HarperCollins, New York, 2001, p. 26

LA VOLUNTAD DE DIOS PARA SU VIDA

Bienvenido de nuevo a este grupo de estudio de *Síganme.*

La actividad de aplicación de la semana pasada trataba acerca del reconocimiento de Dios como la fuente de nuestras mejores experiencias. Describa una o dos de sus experiencias de la última semana.

¿En qué se vieron afectadas esas experiencias al relacionarlas intencionalmente con Dios?

Diga qué le gustó más del material de estudio de la semana 3. ¿Qué preguntas tiene?

¿Cómo describiría la voluntad de Dios para su vida? Explique.

Lea Hechos 1.4-9 en voz alta:

> **Y estando juntos, les mandó que no se fueran de Jerusalén, sino que esperasen la promesa del Padre, la cual, les dijo, oísteis de mí. Porque Juan ciertamente bautizó con agua, mas vosotros seréis bautizados con el Espíritu Santo dentro de no muchos días. Entonces los que se habían reunido le preguntaron, diciendo: Señor, ¿restaurarás el reino a Israel en este tiempo? Y les dijo: No os toca a vosotros saber los tiempos o las sazones, que el Padre puso en su sola potestad; pero recibiréis poder, cuando haya venido sobre vosotros el Espíritu Santo, y me seréis testigos en Jerusalén, en toda Judea, en Samaria, y hasta lo último de la tierra. Y habiendo dicho estas cosas, viéndolo ellos, fue alzado, y le recibió una nube que le ocultó de sus ojos.**

¿Qué métodos ha utilizado usted para descubrir la voluntad de Dios para su vida? ¿Qué sucedió después? Más que preguntarse ¿cuál es la voluntad de Dios para mi vida? Responda usted a esta pregunta: "¿Obedeceré la voluntad de Dios para mi vida sin considerar cuál sea?" Describa con sus palabras la voluntad de Dios para el mundo. ¿Qué impacto tiene esto en la voluntad de Dios para los creyentes en particular? ¿Qué rol cumple el Espíritu Santo en la vida de los cristianos? ¿Qué encuentro personal ha tenido con el Espíritu Santo durante los últimos meses?

Aplicación: Durante esta semana lleve un papel en blanco para recordar este desafío: Darle a Dios carta blanca sobre su vida. Eleve una oración de sumisión a Dios cada vez que vea ese papel, afirmando el deseo de obedecer Su voluntad para su vida, no importa cuál sea esta.

Lea la semana 4 y complete las actividades antes de la próxima reunión del grupo.

Versículo para memorizar esta semana:

Pero recibiréis poder, cuando haya venido sobre vosotros el Espíritu Santo, y me seréis testigos en Jerusalén, en toda Judea, en Samaria, y hasta lo último de la tierra. Hechos 1.8

Mateo, un miembro de nuestra iglesia, sirvió durante muchos años junto a otros cristianos en una parte del mundo donde los cristianos son perseguidos. Creer en Cristo en esa nación musulmana tiene un alto precio. Mateo me contó que cuando las personas confían en Cristo como su Salvador, se les pide que confeccionen una lista de todos los no creyentes que conocen (normalmente son casi todas las personas que conocen). Luego se les pide a los nuevos creyentes que marquen los nombres de diez personas que ellos creen que no los matarían por convertirse en cristianos. Entonces, transmiten el evangelio lo antes posible a cada una de esas diez personas. Esa es la razón por la cual el evangelio se está difundiendo en ese país. Este proceso se parece mucho a lo que dice Mateo 4, ¿no es así? "Jesús les dijo: 'Síganme, y yo haré de ustedes pescadores de hombres'" (Mateo 4.19, RVC). Las personas empiezan a pescar hombres tan pronto como se convierten en seguidores de Jesús.

Tristemente este no es el caso de muchos. Es probable que no sea el caso de la mayoría de los cristianos del mundo. Algunos durante su vida cristiana, ni siquiera hablan del evangelio de Jesucristo con otra persona. Incluso, la mayoría de aquellos que sí han sembrado el evangelio no está guiando de manera constante y sistemática a las personas que los rodean para que sigan a Jesús.

¿Por qué sucede esto? ¿Por qué hay tan pocos seguidores de Cristo que se dediquen a pescar hombres cuando esta es la prioridad establecida en la vida de cada cristiano? ¿Será porque no hemos comprendido el propósito principal para el cual Dios nos creó? ¿Podrá ser que como resultado nos estemos perdiendo uno de los mayores placeres que Dios planeó para nosotros?

Mientras Jesús transforma nuestros pensamientos y deseos, Él revoluciona nuestra razón para vivir. Es esencial que entendamos esta verdad para poder conocer y experimentar la voluntad de Dios como discípulos de Jesús.

LA VOLUNTAD DE DIOS PARA SU VIDA

CONOZCA A DIOS

Al igual que el resto del mundo, día tras día los seguidores de Jesús enfrentamos muchas decisiones que debemos tomar. Cada una de estas decisiones suele venir con varias opciones y, típicamente, cada opción trae varias preguntas.

A menudo estas preguntas no son muy importantes. ¿Dónde debo comer hoy? ¿Qué debo ponerme? ¿Cómo debo responder a este correo electrónico? ¿Cuándo tengo que llamar a esa persona? ¿Cuánto tiempo debo quedarme aquí? ¿Puedo acompañar este plato con papas fritas?

Otras veces estas preguntas nos llevan a decisiones que podrían alterar nuestra vida. ¿Debo salir con esa persona? Si es así, ¿cuándo debo salir? ¿Debo ir a la universidad? ¿Qué carrera debo estudiar? ¿Debo casarme? De ser así, ¿con quién debo casarme? ¿Debemos tener hijos? ¿Dónde debo vivir?

¿Le resulta fácil o difícil tomar estas decisiones? ¿Por qué?

¿Qué emociones experimenta cuando debe tomar una decisión difícil o importante?

Todas las personas se ven acosadas por un torrente de preguntas, opciones y decisiones. Pero aquellos de nosotros que decimos ser cristianos tenemos una perspectiva distinta de esas experiencias porque todas esas preguntas señalan a otra mayor: ¿Cuál es la voluntad de Dios para mi vida?

Y, por supuesto, esa pregunta nos conduce a otra gran pregunta: ¿Cómo puedo saber cuál es la voluntad de Dios para mi vida?

¿Qué pasos dio en el pasado para determinar la voluntad de Dios para su vida?

¿Qué resultado obtuvo al dar esos pasos?

Sin embargo, me pregunto si estas son las preguntas que debemos hacernos. Y, por supuesto, me pregunto si nuestra preocupación por saber la voluntad de Dios para nuestra vida es lo que nos impide hallar la satisfacción y el propósito que deseamos como seguidores de Cristo.

La principal preocupación de Dios

Después de la publicación del libro *Radical* empecé a recibir toda clase de preguntas y comentarios sobre facetas específicas de la vida cristiana en los Estados Unidos. La gente me preguntaba: ¿Cómo es un estilo de vida radical? ¿Qué tipo de auto debo manejar? ¿Cómo es la casa en la que debo vivir? ¿Debo adoptar un hijo? ¿Debo mudarme al otro lado del mar a un campo misionero?

Estas preguntas, aunque honestas y sinceras, me resultaron inquietantes. Sentí que las personas buscaban un sitio en el cual anotarse o un criterio que seguir para asegurarse de estar obedeciendo a Dios. Una tentación frecuente que tiene sus raíces en una religión superficial.

Escúcheme: conocer y confiar en Dios es más importante que buscar Su voluntad. Buscamos fórmulas mecánicas y respuestas fáciles porque queremos hallar atajos para saber qué piensa Dios. Pero este no es el diseño de Él, o debo decir que esta no es la voluntad de Dios.

La preocupación principal de Dios no es llevarlo a usted del punto A al punto B por la vía más rápida, fácil, tranquila y despejada. Sino que Su preocupación principal es que usted y yo lo conozcamos con más profundidad y confiemos plenamente en Él.

A lo largo de su vida cristiana, ¿qué lo ayudó más a conocer a Dios con más profundidad?

¿Qué le ayudó a confiar plenamente en Dios?

Recuerde que convertirse en un discípulo de Jesús significa que Él no solo transforma nuestra mente y nuestras emociones sino también nuestra voluntad. Al acudir a Cristo, morimos a nosotros mismos y podemos hacer nuestras las palabras del apóstol Pablo: "Con Cristo estoy juntamente crucificado, y ya no vivo yo, mas vive Cristo en mí" (Gálatas 2.20).

Como Pablo enseñó a los creyentes en Roma, el acto de morir a nosotros mismos es lo que mostramos por medio del bautismo cuando nos convertimos en cristianos:

> **¿O no sabéis que todos los que hemos sido bautizados en Cristo Jesús, hemos sido bautizados en su muerte? Porque somos sepultados juntamente con él para muerte por el bautismo, a fin de que como Cristo resucitó de los muertos por la gloria del Padre, así también nosotros andemos en vida nueva. Romanos 6.3-4**

¿Qué ideas le vienen a la mente al oír la palabra bautismo?

¿Qué emociones experimentó al ser bautizado? ¿Por qué?

Nuestra carta blanca

En la iglesia donde tengo el privilegio de servir como pastor hablamos mucho acerca de dar a Dios carta blanca para nuestra vida. Esto es así porque como seguidores de Cristo hemos entregado el derecho para decidir qué dirección llevará nuestra vida. No elegimos dónde vivir ni cómo vivir, no elegimos si debemos casarnos ni con quién casarnos, no elegimos con qué nos quedamos ni qué damos.

Jesús determina todas estas cosas. Él es nuestro Amo y Señor. Como escribió Pablo:

> **¿O ignoráis que vuestro cuerpo es templo del Espíritu Santo, el cual está en vosotros, el cual tenéis de Dios, y que no sois vuestros? Porque habéis sido comprados por precio. 1 Corintios 6.19-20**

¿De qué manera ha permitido usted que Jesús tome el control de su vida como su Amo?

Lea los siguientes pasajes de las Escrituras y anote lo que enseñan sobre el lugar de Jesús como el Señor de nuestra vida.

Mateo 6.24

2 Corintios 4.4-5

Filipenses 2.5-11

¿Está dispuesto a entregarle a Jesús el control total de su vida? ¿Está dispuesto a darle carta blanca? Le aseguro que hacerlo no será fácil ni sin sacrificios. Jesús va a pedir mucho de usted, tal y como pidió mucho de Sus primeros discípulos.

Jesús fue quien dijo: "Si alguno quiere venir en pos de mí, niéguese a sí mismo, tome su cruz cada día, y sígame" (Lucas 9.23). Y también fue Él quien expresó: "Id; he aquí yo os envío como corderos en medio de lobos" (10.3). También fue Él quien afirmó: "Si alguno viene a mí, y no aborrece a su padre, y madre, y mujer, e hijos, y hermanos, y hermanas, y aun también su propia vida, no puede ser mi discípulo" (14.26).

¿Cuál es su reacción a los versículos anteriores?

¿Cuál es su mayor temor en cuanto a darle a Jesús carta blanca sobre su vida?

Nunca es fácil entregar nuestra vida a Jesús, pero siempre vale la pena. Dios merece nuestra entrega. Merece nuestra sumisión completa y nuestra obediencia absoluta. Y recuerde: Él nos ama como un Padre.

Así que déjeme animarlo a dejar de buscar la voluntad de Dios para su vida. En lugar de hacerse esa gran pregunta, lo animo a que haga esta audaz declaración: "Señor, voy a obedecer tu voluntad para mi vida. No importa lo que me pidas, lo voy a hacer".

¿ESTÁ LISTO?

Piense en la declaración que esté dispuesto a hacer por Dios y escríbala debajo.

HACER DISCÍPULOS

A veces, en la vida, alguna declaración lo tomará desprevenido y llamará su atención. Oirá una proclamación o una declaración acerca de unas estadísticas y pensará: *¿Qué? ¿Cómo puede ser eso cierto?*

Hace poco viví una experiencia de ese tipo mientras leía el libro de los Hechos. Los dos primeros versos fueron los que me llamaron la atención:

En el primer tratado, oh Teófilo, hablé acerca de todas las cosas que Jesús comenzó a hacer y a enseñar, hasta el día en que fue recibido arriba, después de haber dado mandamientos por el Espíritu Santo a los apóstoles que había escogido. Hechos 1.1-2

¿Qué le resulta más interesante de estos versículos? ¿Por qué?

El "primer tratado" al que Lucas hace referencia es, por supuesto, el Evangelio de Lucas. Lo que nos sorprende es la palabra *comenzó*. ¿Comenzó? Piense en todo lo que se describe en el Evangelio de Lucas: el nacimiento de Jesús en Belén, Su bautismo por Juan el Bautista, Su tentación en el desierto, el llamado de los discípulos, la curación de enfermedades, la restauración de la vista y el habla, la transfiguración, las parábolas y los sermones de Jesús, Sus conflictos con los Fariseos, Su crucifixión, Su resurrección y mucho más.

Según Lucas, ¡todo esto no era sino el *comienzo* de lo que Jesús planeaba hacer y enseñar! Si yo estuviera leyendo el libro de Hechos por primera vez, estaría muy ansioso por ver qué logró Jesús al continuar Su ministerio.

Pero hay un problema. Está precisamente en el versículo 2 cuando Lucas hizo referencia al "día en que [Jesús] fue recibido arriba". Lo vemos con mayor claridad en los versículos 9-11:

Y habiendo dicho estas cosas, viéndolo ellos, fue alzado, y le recibió una nube que le ocultó de sus ojos. Y estando ellos con los ojos puestos en el cielo, entre tanto que él se iba, he aquí se pusieron junto a ellos dos varones con vestiduras blancas, los cuales también les dijeron: Varones galileos, ¿por qué estáis mirando al cielo? Este mismo Jesús, que ha sido tomado de vosotros al cielo, así vendrá como le habéis visto ir al cielo.

¿Cómo influyen estos versículos su interpretación de Hechos 1.1-2?

Si Jesús volvió al cielo, ¿cómo pudo continuar lo que empezó a hacer y enseñar en Su ministerio público? Hoy analizaremos esta pregunta. También analizaremos cómo la labor de Jesús en el mundo se relaciona con nuestro deseo de descubrir la voluntad de Dios para nuestra vida.

Jesús está trabajando

Mientras leemos el libro de los Hechos, podemos notar múltiples instancias en las que Jesús se apareció directamente a los individuos o intervino en circunstancias específicas para cumplir Su misión en el mundo. Un buen ejemplo es Su confrontación con Saulo:

> **Mas yendo por el camino, aconteció que al llegar cerca de Damasco, repentinamente le rodeó un resplandor de luz del cielo; y cayendo en tierra, oyó una voz que le decía: Saulo, Saulo, ¿por qué me persigues? El dijo: ¿Quién eres, Señor? Y le dijo: Yo soy Jesús, a quien tú persigues; dura cosa te es dar coces contra el aguijón. El, temblando y temeroso, dijo: Señor, ¿qué quieres que yo haga? Y el Señor le dijo: Levántate y entra en la ciudad, y se te dirá lo que debes hacer. Hechos 9.3-6**

¿Cómo la conversión de Saulo contribuyó al avance del reino de Dios en la tierra?

Lea Hechos 9.10-19. ¿Cuáles fueron las consecuencias a corto y a largo plazo de la conversación de Jesús con Ananías?

En Hechos 10, Jesús habló con Pedro a través de una visión mientras el apóstol oraba en la azotea. Mediante esa visión le mostró a Pedro que Dios puede purificar todas las cosas que Él creó. Una revelación que preparó el camino para su futuro ministerio entre los gentiles.

Lea Hechos 10.9-22 ¿Qué palabras o imágenes de estos versículos le parecen más interesantes? ¿Por qué?

¿Cuándo lo ha convencido Dios para que cambie su modo de vida o para que abandone ciertas conductas? ¿Qué sucedió después?

Jesús es capaz de expandir Su reino en el mundo sin estar físicamente presente en este. Pero también hay muchos ejemplos en el libro de Hechos acerca de Jesús obrando a través de personas entregadas a Su voluntad.

Lea los siguientes pasajes de las Escrituras y anote qué cosas logró Jesús a través de las acciones de los seres humanos.

Hechos 1.21-26

Hechos 9.32-35

Hechos 16.13-15

En el libro de los Hechos vemos página tras página que Jesús estaba trabajando para expandir Su reino. A veces Él eligió obrar solo, otras veces decidió hacerlo a través de las acciones de Su pueblo. Pero lo principal que debemos entender es que Jesús obraba para extender Su reino en el mundo.

Debemos entender que *todavía* Jesús está obrando en la extensión de Su reino. Él no ha cesado. Él obra para lograr Sus propósitos en su comunidad, en su ciudad, en su país y en todas las naciones de la tierra.

Entonces, la pregunta que debemos responder es la siguiente: ¿Nos uniremos a Él? ¿Nos entregaremos a Su voluntad para que pueda usarnos de la misma manera en la que usó a los primeros discípulos?

¿Cuál es su reacción ante las preguntas anteriores?

La voluntad de Dios para nosotros

Ayer manifesté que comprometerse a conocer a Dios y obedecer Sus mandatos es más importante que tratar de identificar Su voluntad para nuestra vida. Uno de los motivos por lo cual esto es cierto es que seguir a Cristo significa someter nuestra voluntad a la Suya. Significa que nuestra vida se encuentra literalmente subsumida a Su vida.

En otras palabras, de nada sirve que después de seguir a Cristo queramos conocer la voluntad de Dios para nuestra vida porque esa vida ya no existe. Fuimos crucificados juntamente con Cristo y ahora Cristo vive en nosotros (Gálatas 2.20). Somos miembros del cuerpo de Cristo (1 Corintios 12.27).

No necesitamos conocer la voluntad de Dios para nuestra vida como individuos en el mundo, sino que necesitamos someternos a la voluntad de Dios para el mundo.

¿Cuál es su reacción a las afirmaciones anteriores?

Por fortuna, antes de regresar al cielo Jesús dejó bien establecida Su voluntad para el mundo y para aquellos que lo seguirían.

> **Y les dijo: No os toca a vosotros saber los tiempos o las sazones, que el Padre puso en su sola potestad; pero recibiréis poder, cuando haya venido sobre vosotros el Espíritu Santo, y me seréis testigos en Jerusalén, en toda Judea, en Samaria, y hasta lo último de la tierra. Hechos 1.7-8**

¿Qué dicen estos versículos acerca de la voluntad de Dios para el mundo?

Como seguidores de Jesús, ¿cómo participamos en Su voluntad para el mundo?

Lea Mateo 28.19-20. ¿Cómo se comparan estos versículos con Hechos 1.7-8?

La voluntad de Dios para el mundo es redimir a los hombres y a las mujeres de toda tribu, pueblo, lengua y nación. Su voluntad es conseguir esa redención por Su gracia y para Su gloria.

Por lo tanto, la voluntad de Dios para nosotros sus seguidores es que hagamos discípulos. Ese es nuestro propósito. Así es como participamos en la obra de Jesús para hacer avanzar Su reino en este mundo.

¿Qué emociones experimenta cuando piensa en la voluntad de Dios para sus seguidores? ¿Por qué?

¿Qué influencia tuvo en su vida el deseo de Dios de redimir a hombres y mujeres de toda tribu, pueblo, lengua y nación?

Mientras mejor entendamos la voluntad de Dios para el mundo y nos sometamos a Él, mejor entenderemos lo tonto que es pensar que Él quisiera esconder Su voluntad de nosotros. Por el contrario, nos daremos cuenta que Dios desea que conozcamos Su voluntad mucho más de lo que nosotros deseamos conocerla.

Como veremos mañana, Dios quiere que conozcamos Su voluntad a tal punto que una y otra vez nos la reveló a través de Su Palabra.

Y COMO VEREMOS DURANTE ESTA SEMANA,

ES TANTO LO QUE ÉL QUIERE QUE EXPERIMENTEMOS SU

VOLUNTAD

QUE NOS DIO SU ESPÍRITU.

NUESTRA GARANTÍA

Si recientemente ha comprado un artefacto electrónico, es probable que le ofrecieran que comprara algún tipo de seguro. Estos programas tienen varios nombres: garantía extendida, plan de reemplazo de productos, garantía de reembolso etcétera. Pero la idea básica es la misma: si inesperadamente algo va mal con el producto, usted está cubierto.

La validez que tengan estas garantías, si alguna, depende de la empresa que las ofrezca. Todas esas afirmaciones de "¡Satisfacción garantizada!" caen en oídos sordos cuando vienen de cadenas de descuentos o de vendedores de dudosa reputación que venden a través de la Internet. Pero la garantía de una empresa respetable ayuda mucho a que los clientes sientan que están haciendo una buena compra, una inversión prudente de sus recursos.

¿Qué ideas o imágenes vienen a su mente cuando escucha la palabra garantía?

¿Cómo evalúa si una garantía es de confianza?

Como vimos ayer, la voluntad de Dios es redimir a los hombres y a las mujeres de cualquier idioma, pueblo, tribu y nación por Su gracia y para Su gloria. Esto es lo que Él intenta lograr en este mundo y para lo cual nos está invitando a participar. Él nos invitó a seguirlo en esa misión, entregando nuestra voluntad para hacer discípulos.

El hecho de que se nos haya ofrecido tal privilegio es una noticia maravillosa, pero todavía hay más. También se nos ha garantizado, a través de la Palabra de Dios, que los esfuerzos y los sacrificios invertidos en la obra de Dios no serán en vano. Podemos sentirnos libres de dar nuestra vida e ir hacia donde Dios nos guíe porque sabemos que la Biblia nos garantiza lo que sucederá.

Analicemos hoy esta garantía. Cuando terminemos, verá que la voluntad de Dios para redimir a hombres y mujeres de todas las naciones no se limita al libro de los Hechos, sino que está escrito de tapa a tapa en toda la Biblia.

La voluntad de Dios en el Antiguo Testamento

Al inicio de la historia, como se encuentra escrito en el libro del Génesis, Dios creó a Adán y a Eva para que disfrutaran de Su gracia y vivieran en una relación perfecta con Él. Pero la intención de Dios nunca fue tener una relación estática. Y ciertamente, de manera muy directa, Adán y Eva eran los encargados de ser fructíferos y llenar la tierra con seguidores de Dios:

> **Y creó Dios al hombre a su imagen, a imagen de Dios lo creó; varón y hembra los creó. Y los bendijo Dios, y les dijo: Fructificad y multiplicaos; llenad la tierra, y sojuzgadla, y señoread en los peces del mar, en las aves de los cielos, y en todas las bestias que se mueven sobre la tierra. Génesis 1.27-28**

¿Cómo quería Dios que Adán y Eva participaran en Su voluntad para el mundo?

Aunque es lamentable, sabemos que las cosas no salieron bien en el huerto del Edén. Adán y Eva pecaron, y su pecado creó una separación entre los seres humanos y Dios.

Aun así, Dios no abandonó a la humanidad. Aunque nuestros ancestros más distantes hayan esparcido la infección del pecado en el mundo, Dios decidió crear un pueblo para sí con el fin de reparar la relación que Adán y Eva interrumpieron. Él bendijo a Abraham y a los otros patriarcas con la intención de que esa bendición se extendiera a toda su gente.

Lea los siguientes pasajes de las Escrituras y escriba cómo reflejan la voluntad de Dios para redimir a los hombres y a las mujeres de cada tribu y nación.

Génesis 12.1-3

Génesis 26.1-6

Génesis 28.10-15

La voluntad de Dios para el mundo se ve reflejada no solo en los pasajes narrativos de las Escrituras sino también en las alabanzas de Su pueblo:

Dios tenga misericordia de nosotros, y nos bendiga;
Haga resplandecer su rostro sobre nosotros;
Para que sea conocido en la tierra tu camino,
En todas las naciones tu salvación.

Te alaben los pueblos, oh Dios;
Todos los pueblos te alaben.
Alégrense y gócense las naciones,
Porque juzgarás los pueblos con equidad
Y pastorearás las naciones en la tierra.
Salmos 67.1-4

¿Cómo podemos expresar compasión y mostrar esperanza a las personas que están dentro de nuestra esfera de influencia pero que no siguen a Jesús?

¿Cómo podemos expresar compasión y preocupación por los grupos de personas alrededor del mundo que tienen un acceso limitado a la Palabra de Dios?

Los profetas repitieron el clamor del salmista. Incluso, mientras se esforzaban por advertir a los israelitas sobre su idolatría y su falta de compromiso con la voluntad de Dios, los profetas constantemente proclamaban a quienes los escuchaban acerca del deseo de Dios de salvar a todas las personas y hacer discípulos a todas las naciones.

Lea los siguientes pasajes de las Escrituras y anote lo que comunican sobre la voluntad de Dios.

Isaías 66.18-19

Habacuc 2.14

La voluntad de Dios en el Nuevo Testamento

La voluntad de Dios, que todas las naciones lo adoren, también se expresa en todo el Nuevo Testamento. Por ejemplo, ya vimos que Jesús terminó Su tiempo en la tierra ordenando a Sus seguidores que fueran a todas las naciones. Él les dijo a sus discípulos que hicieran discípulos, que predicaran el evangelio y que proclamaran Su gloria hasta los confines de la tierra (vea Mateo 28.19-20).

Pero cuando leemos algunos capítulos previos en el libro de Mateo, hallamos una promesa maravillosa en las palabras de Jesús.

> **Y por haberse multiplicado la maldad, el amor de muchos se enfriará. Mas el que persevere hasta el fin, éste será salvo. Y será predicado este evangelio del reino en todo el mundo, para testimonio a todas las naciones; y entonces vendrá el fin. Mateo 24.12-14**

¿Qué promesa hizo Jesús en estos versículos?

¿Qué advertencia hizo Jesús en estos versículos?

Jesús dijo que Su evangelio "*será* predicado en todo el mundo" (v. 14, énfasis del autor). En Hechos 1, Él dijo a Sus discípulos: "y me *seréis* testigos en Jerusalén, en toda Judea, en Samaria, y hasta lo último de la tierra" (v. 8, énfasis del autor). Estas son declaraciones afirmativas de la boca de Jesús que no dejan lugar a dudas. Son nuestra garantía.

Además, el libro de Apocalipsis nos da una idea de cómo serán las cosas cuando se cumplan las palabras de Jesús:

> **Después de esto miré, y he aquí una gran multitud, la cual nadie podía contar, de todas naciones y tribus y pueblos y lenguas, que estaban delante del trono y en la presencia del Cordero, vestidos de ropas blancas, y con palmas en las manos; y clamaban a gran voz, diciendo: La salvación pertenece a nuestro Dios que está sentado en el trono, y al Cordero. Apocalipsis 7.9-10**

¿Qué le parece más interesante de estos versículos? ¿Por qué?

¿Cómo estos versículos impactan la misión y propósito de su vida?

Esta es la voluntad de Dios en el mundo: crear, llamar, salvar y bendecir a Su gente mediante la difusión de Su gracia y gloria entre todas las naciones. Esta voluntad no es para encontrarse, es para seguirse. No tenemos que preguntarnos cuál es la voluntad de Dios si fuimos creados para andar en ella. No necesitamos pedirle a Dios que revele Su voluntad para nuestra vida.

POR EL CONTRARIO, NECESITAMOS PEDIR A DIOS QUE ALINEE

NUESTRA VIDA CON LA VOLUNTAD QUE ÉL YA HA REVELADO.

NUESTRO PODER

Sé que esta semana he enfatizado el tema de la voluntad de Dios, que Él desea redimir a los hombres y a las mujeres de todas las naciones de la tierra, lo cual quiere decir que Él también desea que cada discípulo de Jesús obedezca su mandato de hacer más discípulos. También reconozco que, probablemente, a esta altura ya usted se esté haciendo la siguiente pregunta lógica: ¿Cómo? Yo soy un discípulo de Jesús, entonces, ¿cuál es la mejor manera de hacer más discípulos entre mis amigos y mi familia, entre mis vecinos y conocidos, y entre todas las personas que aún no conozco? En otras palabras, ¿cómo participamos en el cumplimiento de la voluntad de Dios?

Para sorpresa nuestra, la respuesta a esas preguntas tiene poco que ver con nosotros y mucho que ver con el Espíritu Santo. Realmente, Dios tiene tanto interés en que experimentemos Su voluntad que literalmente Él vive en nosotros para cumplirla.

¿Qué ideas vienen a su mente cuando piensa en el Espíritu Santo?

¿Cómo ha experimentado al Espíritu Santo durante las últimas semanas?

Como seguidores de Cristo, Dios une nuestra vida con la de Jesús poniendo el mismo Espíritu de Su Hijo dentro de nosotros. Solo a través de Su Espíritu podemos hallar el poder necesario para hacer discípulos.

Investidos de poder

El final de Lucas 24 registra a Jesús pronunciando una profecía a Sus discípulos luego de Su muerte y resurrección:

> **Y les dijo: "Así está escrito, y así fue necesario que el Cristo padeciese, y resucitase de los muertos al tercer día; y que se predicase en su nombre el arrepentimiento y el perdón de pecados en todas las naciones, comenzando desde Jerusalén. Y vosotros sois testigos de estas cosas. He aquí, yo enviaré la promesa de mi Padre sobre vosotros; pero quedaos vosotros en la ciudad de Jerusalén, hasta que seáis investidos de poder desde lo alto". Lucas 24.46-49**

¿Qué le parece más interesante de estos versículos? ¿Por qué?

Aquí hay otra instancia en la que Jesús proclamó la voluntad de Dios para el mundo, pero dedique un momento para concentrarse en la última frase: "Quedaos vosotros en la ciudad de Jerusalén, hasta que seáis investidos de poder desde lo alto". Este es un punto importante, que Dios "vista" o cubra a sus discípulos con el Espíritu Santo para que lleven a cabo sus órdenes. Los discípulos lograron hazañas increíbles, como el inicio de la iglesia, pero fue el Espíritu Santo quien les dio poder para hacerlo.

Jesús volvió a decirlo en el Monte de los Olivos antes de Su ascensión:

> **Pero recibiréis poder, cuando haya venido sobre vosotros el Espíritu Santo, y me seréis testigos en Jerusalén, en toda Judea, en Samaria, y hasta lo último de la tierra. Hechos 1.8, énfasis del autor.**

Lea Hechos 2.1-4 ¿Cómo cumplen estos versículos con las promesas de Jesús en Lucas 24 y en Hechos 1?

Estos pasajes de las Escrituras dejan en claro que hace falta cierta clase de poder para realizar la obra de hacer discípulos. Estos pasajes también afirman que todos nosotros, como seres humanos, no tenemos poder por nuestra cuenta. Este poder viene del Espíritu de Dios.

En su empeño por vivir como un seguidor de Jesús, ¿depende usted principalmente de su esfuerzo o del poder del Espíritu Santo? Explique.

¿Cuándo ha sentido la plenitud del poder del Espíritu Santo para lograr algo? ¿Qué sucedió?

Como seguidores de Cristo, tenemos el poder del Espíritu de Dios viviendo en nosotros. ¿Nos damos cuenta de lo que esto significa? ¿Nos damos cuenta de la increíble fuerza, energía y vida a la que tenemos acceso?

Y algo muy importante, ¿nos damos cuenta de la responsabilidad que conlleva ese poder?

Llamados a proclamar

Como seguidores de Cristo, con el poder del Espíritu Santo, tenemos la responsabilidad de vivir como testigos. Tenemos la responsabilidad de testificar acerca de quién es Jesús, qué hizo y sigue haciendo y, además, testificar cómo salva Jesús.

¿Cuál es su reacción a las afirmaciones anteriores? ¿Por qué?

¿Alguna vez asumió un riesgo por servir como testigo de Jesús? ¿Qué sucedió?

No minimice la naturaleza verbal de nuestro rol de testigos. Somos llamados a hablar. Somos llamados a buscar intencionalmente a las personas que necesitan la verdad y a proclamar esa verdad de manera que puedan oírla y entenderla.

Es interesante que tal énfasis en el discurso verbal tenga sentido por la manera en que el Espíritu Santo operaba en el Antiguo Testamento. Fíjese en los siguientes pasajes de las Escrituras para entender a qué me refiero.

Lea los versículos siguientes y anote qué hacían las personas que tenían la plenitud del Espíritu Santo.

Números 11.24-25

2 Crónicas 24.20

Ezequiel 11.5-6

En estos versículos, ¿notó el elemento común ligado al Espíritu Santo? Se repite en múltiples ocasiones a través de la Biblia, incluso varias veces en el Nuevo Testamento.

Lea los siguientes pasajes de las Escrituras y anote qué hacían las personas que estaban llenas del Espíritu Santo.

Lucas 1.39-45

Hechos 4.31

Hechos 9.17-20

Es sabio que prestemos atención cuando una y otra vez la Biblia repite algo así, tanto en el Antiguo como en el Nuevo Testamento. La plenitud del Espíritu Santo en el pueblo de Dios está claramente eslabonada a un propósito en particular: la proclamación verbal de la Palabra de Dios y, como objetivo, el cumplimiento de Su voluntad.

Esto es exactamente lo que vemos que Jesús logra a través de su iglesia en el Nuevo Testamento. Aunque Jesús ascendió al cielo como lo dice en Hechos 1, siguió obrando al derramar de Su Espíritu en sus seguidores y darles poder para proclamar el evangelio.

Y hoy en día Jesús hace lo mismo. Él llena a cada uno de Sus seguidores con Su poder y Su presencia para lograr Sus propósitos en el siglo XXI. Y, sin embargo, somos propensos a olvidarnos de esto, hasta en la manera en que hablamos del Espíritu Santo.

Con frecuencia oigo a los cristianos decir: "Yo hablo del evangelio cuando el Espíritu Santo me guía". En esto hay algo de verdad. Queremos que el Espíritu nos guíe en todo lo que hacemos. Al mismo tiempo, debemos recordar que el Espíritu vive en nosotros con el propósito explícito de difundir el evangelio a través de nosotros.

Si el Espíritu Santo vive en usted, ¡puede considerarse oficialmente guiado para transmitir el evangelio! No tiene que esperar que un cosquilleo corra por su espalda o que algún mensaje especial aparezca en el cielo para entonces hablarle a los demás de Cristo. Solo abra su boca y hable sobre la vida, la muerte y la resurrección de Jesús y cumplirá el propósito de la presencia de Cristo en su vida.

¿Es usted agresivo o pasivo para hablar del evangelio? Explique.

También oigo decir a algunos cristianos: "No predico con mis palabras, lo hago con mi vida". Repito, aquí hay algo cierto: queremos que el carácter de Cristo se vea por medio de nuestras acciones. Y, al mismo tiempo, cuando Jesús dijo a Sus discípulos que recibirían Su Espíritu y que serían Sus testigos en el mundo, no solo los llamaba a ser buenos con las personas que los rodeaban. Ya sea en el tribunal o en cualquier otra circunstancia, la función básica de un testigo es hablar. Es imperativo que los discípulos de Cristo digan la verdad acerca del evangelio de la salvación.

¿Con qué frecuencia proclama el evangelio durante la semana?

¿Qué obstáculos le impiden predicar con más frecuencia?

Dios nos dio un evangelio que creer, un Espíritu para dotarnos y un idioma que hablar para cumplir un propósito; un propósito grande, glorioso, global, que exalta a Dios y trasciende toda la historia.

¿CREE USTED ESTO?

DÍA 5
PLAN PERSONAL PARA HACER DISCÍPULOS: CÓMO SER UN TESTIGO

Como vivo en el sur, he notado que muchas personas se emocionan mucho con el fútbol americano universitario. En específico, la gente se entusiasma con los equipos de fútbol de los que son aficionados: los *Crimson Tide*, de Alabama; los *Tigers*; los *Bulldogs,* de Georgia; los *Volunteers,* de Tennessee y los *Rebels,* de Mississippi, entre otros.

Las personas disfrutan mucho alentando a sus equipos y celebrando sus victorias. Hacen su mejor esfuerzo por ensalzar las muchas virtudes de su equipo y las de los jugadores que en particular se destacan en diferentes posiciones en el terreno de juego.

Sin embargo, la admiración no es suficiente para la mayoría de los aficionados. También hacen un esfuerzo tremendo intentando probar que sus equipos y sus jugadores favoritos son mejores y más dignos de alabanzas que los demás, y que por esa razón los aficionados de esos otros equipos y jugadores deberían cambiar de equipo.

Esto es natural. Cuando sentimos una gran admiración por algo, automáticamente tratamos de convertir (y uso esa palabra de manera intencional) a otras personas a nuestra manera de pensar.

¿Qué personas, equipos o ideas celebra con mayor intensidad? ¿Por qué?

¿Ha intentado convencer a otros para que celebren lo mismo? ¿Qué sucedió?

Así que esta es mi pregunta: si estamos dispuestos y somos capaces de intentar conversiones para un equipo de fútbol, películas, libros o pasatiempos, ¿por qué nos resulta tan difícil hacer discípulos de Jesucristo?

¿Cómo responde a esta pregunta?

La voluntad de Dios en el mundo y para nuestra vida es difundir Su evangelio, gracia y gloria a todas las personas. En lugar de preguntarnos cuál es la voluntad de Dios para nuestra vida, cada discípulo de Jesús debe preguntarse: "¿Cómo puedo unir mi vida con Su voluntad para ser Su testigo en el mundo?" Esta pregunta nos conduce a tres preguntas específicas: ¿Quién?, ¿Cómo? y ¿Cuándo?

¿Quién?

A diferencia de los nuevos convertidos en los países musulmanes, tal vez usted no conozca a alguien que lo mataría por ser cristiano. Pero sé que aún se encuentra rodeado de personas que no son cristianas. Así que, tome un minuto y escriba los nombres de 3, 5 o tal vez 10 no creyentes que Dios haya puesto en su vida. Luego, empiece a orar específicamente para que Dios, a través del poder de Su Espíritu, atraiga a cada una de estas personas a Su salvación.

¿Quiénes son las personas por las que usted orará cada día de esta semana?

¿Cuándo y dónde orará por estas personas?

Y con el fin de rendir cuentas, ¿a quién invitará a orar con usted?

¿Cómo?

Todos los días usted y yo tenemos oportunidades de predicar el evangelio. Hay muchas oportunidades donde usted vive, trabaja y juega, y con las personas que Dios puso a su alrededor (incluyendo esos nombres que escribió antes) para hablar con alguien que no sea seguidor de Cristo.

Comprendo que pueda estar asustado. Todos tenemos temores que se manifiestan ante los momentos de evangelizar: el temor de ofender a alguien, el temor de decir algo equivocado, el temor a ser rechazado o solo el temor de iniciar una conversación incómoda.

Y, sin embargo, tales temores son solo señales de que estamos olvidando quiénes somos. Somos seguidores de Cristo y hemos sido juntamente crucificados con Él: ya no vivimos nosotros, mas Cristo vive en nosotros (vea Gálatas 2.20). Él unió Su vida con la nuestra y puso Su Espíritu en nosotros para cumplir este propósito. Sin Él tenemos razones para temer; con Él tenemos razones para conservar la fe.

¿Qué es lo que más lo asusta sobre predicar el evangelio a otra persona? ¿Por qué?

¿Cómo puede hacer para sentirse más seguro en su capacidad para proclamar el mensaje del evangelio?

Además de orar por la salvación de otros, le reto a orar todas las mañanas para que Dios lo cubra con Su gracia mientras intenta proclamar el evangelio. También debe orar para que Dios le dé la osadía y la habilidad de superar el miedo y la vergüenza. Luego, durante el día, debe buscar intencionalmente oportunidades para transmitir la verdad del evangelio. Siempre debe estar atento a situaciones en las que Dios podría abrir una puerta para que usted pueda propagar el mensaje del evangelio e invitar a alguien a confiar en Cristo.

¿Qué puede hacer para acceder intencionalmente al poder del Espíritu Santo mientras proclama el evangelio?

¿Cuándo?

En vez de quedarse esperando a que las personas le pregunten acerca de Jesús, es más prudente planear cómo mostrar de forma activa Su amor creando oportunidades para hablar a las personas sobre Él. Piense en las personas por las que empezará a orar cada día. ¿Cómo puede en forma específica y deliberada crear oportunidades para hablarles del evangelio? ¿Podría invitarlos a almorzar? ¿Podría llevarlos a su casa a cenar? ¿Hay alguna otra actividad de la cual podría aprovecharse, ya sea algo tan comprometedor como pasar el día o el fin de semana con ellos o algo tan simple como escribir una carta?

¿Qué puede hacer para iniciar conversaciones con las personas por las que orará cada día?

Piense en las conversaciones que tendrá esta semana. ¿Y si Dios estuvo preparando sobrenaturalmente a las personas de su lista para estas conversaciones? ¿Y si Dios, en su soberanía, arregló las circunstancias de su vida, preparando el camino para una conversación sobre Jesús? ¿Y si Dios quiere usarle para cambiar esas vidas para siempre por medio de la proclamación del evangelio?

Y lo que es más importante, ¿y si Dios quiere lograr todas estas cosas y usted decidiera quedarse callado?

Durante los próximos tres días comprométase a iniciar tres conversaciones con las personas de su lista. Escriba con quiénes hablará y cómo podría iniciar cada conversación.

1.

2.

3.

Mientras identifica a *quién,* piense en *cómo* y planee el *cuándo*, no olvide el *porqué*. Todo esto puede parecer inventado y falso hasta que recuerde qué es lo que está en juego. Cada persona que en su gracia Dios puso a su alrededor es un pecador que necesita un Salvador para la eternidad. Usted fue una vez esa persona, pero alguien lo buscó intencionalmente para contarle las buenas nuevas del evangelio. Y ahora este es el propósito para el cual Dios le salvó por gracia.

CON LA PALABRA DE DIOS EN SU BOCA Y EL ESPÍRITU

DE DIOS EN SU CORAZÓN, DEJE DE BUSCAR

LA VOLUNTAD DE DIOS Y DECÍDASE A SEGUIRLA HOY MISMO.

Lea el capítulo 6 de "Sígueme" por David Platt (Tyndale 2013).

LA IGLESIA

Bienvenido de nuevo a este grupo de estudio de *Síganme.*

La actividad de aplicación de la semana pasada incluía que usted siempre llevara un pedazo de papel en blanco para acordarse de darle a Dios carta blanca en cuanto a su vida. Si se siente cómodo, cuente qué le pareció interesante o esclarecedor acerca de esa experiencia.

En la práctica, ¿cómo es que un cristiano da a Dios carta blanca para su vida? ¿Qué significa en términos de actitudes y acciones?

Diga qué le gustó más del material de estudio de la semana 4. ¿Qué preguntas tiene?

¿Qué siente cuando escucha las siguientes palabras?

• *Iglesia* • *Rendir cuentas* • *Miembro de una iglesia* • *Disciplina eclesiástica*

Lea en voz alta Efesios 4.1-6:

> **Yo pues, preso en el Señor, os ruego que andéis como es digno de la vocación con que fuisteis llamados, con toda humildad y mansedumbre, soportándoos con paciencia los unos a los otros en amor, solícitos en guardar la unidad del Espíritu en el vínculo de la paz; un cuerpo, y un Espíritu, como fuisteis también llamados en una misma esperanza de vuestra vocación; un Señor, una fe, un bautismo, un Dios y Padre de todos, el cual es sobre todos, y por todos, y en todos.**

¿Qué normas tiene establecidas su iglesia para hacerse miembro de la misma? ¿Y para la disciplina eclesiástica? Esta es una definición de iglesia local: "La iglesia es un cuerpo local de creyentes bautizados, unidos bajo un liderazgo bíblico para crecer a la semejanza de Cristo y expresarse el amor de Cristo uno al otro y también al mundo que los rodea".

¿Qué cosa sacaría o agregaría a esta definición? ¿De qué manera experimenta el amor como miembro de una iglesia local?

Aplicación: Durante esta semana comprométase a conocer mejor a su iglesia local. Lea lo que dice el sitio electrónico de su iglesia, la declaración de fe, hable con miembros del equipo ministerial, asista a algunas actividades a las que usted no haya asistido y así por el estilo.

Versículo para memorizar esta semana:

Sino que siguiendo la verdad en amor, crezcamos en todo en aquel que es la cabeza, esto es, Cristo, de quien todo el cuerpo, bien concertado y unido entre sí por todas las coyunturas que se ayudan mutuamente, según la actividad propia de cada miembro, recibe su crecimiento para ir edificándose en amor. Efesios 4.15-16

Hasta ahora, en este estudio, hemos analizado diferentes aspectos de lo que significa vivir como un seguidor de Cristo.

Hemos visto tanto el precio como la recompensa que vienen del llamado de Jesús a seguirlo. Hemos visto las diferencias entre la religión superficial y la regeneración sobrenatural. Hemos explorado cómo seguir a Jesús nos transforma desde adentro, cambiando nuestros pensamientos, nuestros deseos, nuestra voluntad, nuestras relaciones y nuestra misma razón para vivir. Hemos alcanzado una mejor comprensión de lo que significa deleitarse en Cristo y hemos construido una mejor perspectiva sobre cómo identificar y obedecer la voluntad de Dios. Sin embargo, es posible que haya notado que no le hemos dedicado mucho tiempo a comentar la institución comúnmente asociada a los que eligen seguir a Cristo: la iglesia. Aún no hemos analizado lo que significa que un seguidor de Cristo participe en el cuerpo de Cristo.

Ya es hora de iniciar esta exploración y no podría sentirme más entusiasmado. ¿Por qué? Porque ser parte de la iglesia es un privilegio.

Llegar a Cristo es volverse parte de Su iglesia. A medida que los hombres y las mujeres mueren a sí mismos y viven en Cristo, Dios los reúne como hermanos y hermanas en una familia de fe. Esta comunidad de cristianos alaban juntos, se sirven desinteresadamente el uno al otro, de buena gana se cuidan entre ellos, se ofrecen con generosidad y se preocupan compasivamente el uno por el otro.

¿A quién no le entusiasmaría ser miembro de esta clase de colectivo?

LA IGLESIA

CONCEPTOS ERRÓNEOS MODERNOS

El salón estaba lleno de gente y el pastor tenía a la audiencia en la palma de su mano. "Me gustaría que todos inclinaran sus cabezas y cerraran los ojos", dijo. Todos lo hicimos y él continuó: "Esta noche me gustaría invitarlos a poner su fe en Dios. Esta noche los insto a iniciar por primera vez en su vida una relación personal con Jesús".

"Quiero ser claro", continuó el pastor. "No los estoy invitando a unirse a la iglesia. Los estoy invitando a acudir a Cristo". Mientras él rogaba apasionadamente por las decisiones personales, decenas de personas se levantaron de sus asientos y avanzaron por los pasillos del auditorio rumbo al frente para hacer un compromiso con Cristo.

Me sentí algo incómodo mientras se desarrollaba esta escena. Por supuesto que me alegraba ver a tanta gente respondiendo a la persuasiva labor del Espíritu Santo. Me regocijaba ver a hombres y mujeres conmovidos hasta el punto de expresar públicamente su deseo de seguir a Cristo.

Sin embargo, había un problema que me hacía sentir incómodo a pesar de la atmósfera positiva del auditorio. Estaban engañando a las personas que caminaban hacia el altar porque les decían que era posible hacer un compromiso con Cristo sin hacerlo con la iglesia, algo que yo sé que es una mentira.

Esta es la realidad: es bíblicamente imposible seguir a Cristo sin unirse a Su iglesia. De hecho, cualquiera que se jacte de ser cristiano sin ser miembro activo de una iglesia, es posible que no sea un seguidor de Cristo.

¿Cuál es su reacción a las afirmaciones anteriores? ¿Por qué?

Estas afirmaciones pueden sonar heréticas para algunos. "¿Está diciendo que unirse a una iglesia lo hace cristiano?" Absolutamente no. Unirse a una iglesia ciertamente no lo hace a uno cristiano.

Al mismo tiempo, identificar su vida con la Persona de Cristo es unir su vida con el pueblo de Cristo. Someter la vida a Sus mandamientos es comprometer la vida a Su iglesia. Es imposible bíblica, espiritual y prácticamente ser un discípulo de Cristo (y mucho menos hacer discípulos para Cristo) sin tener una devoción total a la familia de Dios.

Describa su participación actual en una iglesia local

¿Cómo su conexión con la iglesia le ha ayudado a vivir como un discípulo de Cristo y a hacer más discípulos para Él?

Una mala reputación

Seamos sinceros: muchas personas consideran a la *iglesia* como algo malo. Dicen "iglesia" como si escupieran una maldición. Estos hombres y mujeres hacen todo lo posible para no entrar en un templo y con frecuencia, son abiertamente antagonistas hacia las personas que eligen concurrir allí todas las semanas.

Estas personas han existido desde que los cristianos viven y ministran en el mundo. De hecho, Jesús nos advirtió acerca de ellos durante Su ministerio público:

> **Si el mundo os aborrece, sabed que a mí me ha aborrecido antes que a vosotros. Si fuerais del mundo, el mundo amaría lo suyo; pero porque no sois del mundo, antes yo os elegí del mundo, por eso el mundo os aborrece. Acordaos de la palabra que yo os he dicho: El siervo no es mayor que su señor. Si a mí me han perseguido, también a vosotros os perseguirán; si han guardado mi palabra, también guardarán la vuestra. Juan 15.18-20**

¿Por qué tantas personas en la sociedad actual están en contra de los cristianos y de la iglesia?

¿Cuándo experimentó opresión u hostilidad debido a su decisión de seguir a Jesús?

Jesús prometió que el mundo odiaría a Sus seguidores, por lo tanto, nunca debe sorprendernos que las personas decidan odiar a la iglesia. Sin embargo, lo que debe sorprendernos —y lo que a mí ciertamente me sorprende— es la cantidad de cristianos que han elegido ponerse en contra del cuerpo de Cristo.

Es probable que en la actualidad haya escuchado a cristianos que expresan su disgusto por la iglesia. En efecto, en ciertos círculos, evitar convertirse en un miembro activo de la iglesia se considera una señal de madurez espiritual entre los cristianos profesantes. "Amo a Jesús —afirman estas personas—, pero simplemente no aguanto la iglesia".

Esta es mi pregunta: ¿No es la iglesia la esposa de Cristo? ¿Qué pasaría si yo dijera: "Amigo, yo te amo, pero creo que nunca te dije que no soporto a tu esposa"? ¿Lo tomaría usted como un cumplido?

De manera similar, la iglesia es el cuerpo de Cristo. ¿Qué pasaría si mi mujer me dijera: "David, yo te amo, pero no soporto ver tu cuerpo"? ¡Puedo asegurarle que yo no lo tomaría como un cumplido!

¿Qué imágenes o ideas vienen a su mente cuando escucha la palabra *iglesia?*

¿Ha tenido experiencias confusas o frustrantes en la iglesia?

Esta es la verdad: es imposible seguir completamente a Jesús sin amar a Su esposa sin condiciones, y es imposible pensar que se puede disfrutar a Cristo mientras se está apartado de Su cuerpo.

Una definición mediocre

Existen muchas razones por las cuales las personas tienen sentimientos negativos hacia la iglesia. Es probable que la más común se genere cuando algún seguidor de Jesús hace que los cristianos y los no cristianos se sientan maltratados o tratados injustamente. Esto los conduce a proyectar esas experiencias negativas a toda la iglesia en su conjunto.

Esto es más que desafortunado, especialmente porque los cristianos recibieron órdenes como esta de Efesios 4:

> **Yo pues, preso en el Señor, os ruego que andéis como es digno de la vocación con que fuisteis llamados, con toda humildad y mansedumbre, soportándoos con paciencia los unos a los otros en amor, solícitos en guardar la unidad del Espíritu en el vínculo de la paz. Efesios 4.1-3**

¿Cómo se evalúa usted según el estándar de estos versículos? Explique.

Pero también pienso que las personas deciden que la iglesia no les gusta porque se han formado un concepto mediocre de lo que es en realidad. Y, tristemente, me temo que en gran parte los cristianos son responsables. Del mismo modo que hemos adulterado lo que significa ser un cristiano en el mundo de hoy, también hemos sesgado lo que significa ser una iglesia.

Por ejemplo, la mayoría de las personas en la cultura occidental asocian el concepto de iglesia con un edificio. Las personas pueden preguntar: "¿Dónde está su iglesia?" o "¿A qué iglesia va?" Equipos de construcción cristianos viajan al exterior, a países empobrecidos, para construir "iglesias". Plantar una iglesia hoy en día se ha vuelto sinónimo de encontrar o construir un edificio.

¿Por qué es incorrecto pensar primero en las iglesias como edificios?

¿Cuáles son las consecuencias prácticas de esta confusión?

Pero no solo identificamos a las iglesias por los edificios, sino que también las clasificamos por los programas que ofrecen. Decimos: "Esta iglesia tiene un programa para niños muy creativo", o "Aquella iglesia tiene buenos recursos para los matrimonios". Cada vez más se espera que la vida de la iglesia se desarrolle en torno a los programas que se ofrecen para cada edad y etapa de la vida.

Estos dos conceptos erróneos reflejan un enfoque centrado en el cliente, a gusto del consumidor, que hemos diseñado para atraer a las personas a la iglesia como si fueran clientes. Creemos que necesitamos un edificio atractivo, un lindo parque y un estacionamiento conveniente para que la iglesia tenga éxito. Una vez que las personas llegan al edificio, necesitamos programas diseñados para sus hijos, música atractiva para sus gustos y sermones dirigidos a sus necesidades.

Pero, ¿es eso lo que Dios estaba pensando cuando estableció Su iglesia? Mejor dicho, ¿hay aunque sea una pizca de esto en lo que Dios pensaba cuando estableció Su iglesia? Mañana analizaremos estas preguntas.

AL HACERLO, OBTENDREMOS UNA MEJOR COMPRENSIÓN DE LO QUE DEBE SER LA IGLESIA.

¿QUÉ ES LA IGLESIA?

Hoy comenzaremos por repasar algunas cuestiones de vocabulario. Específicamente veamos con detenimiento los dos términos que sirven para analizar la interpretación apropiada de la Palabra de Dios: *extra bíblico* y *anti bíblico*.

El término *extra bíblico* se refiere a algo que se encuentra fuera de la verdad de la Palabra de Dios, algo que suele relacionarse con la Biblia pero que no surge de la Biblia. Así que un concepto extra bíblico puede ser interesante, tal vez hasta útil, pero no es un concepto puramente bíblico: no tiene la autoridad de las Escrituras. Por ejemplo, Josefo fue un antiguo historiador que vivió y escribió en los tiempos de Jesús. Pero no tiene una relación directa con la Biblia. Sus escritos son fuentes extra bíblicas.

El término *anti bíblico* se refiere a algo que debilita la verdad de la Palabra de Dios, un concepto o idea que no concuerda con el testimonio de la Biblia. Por ejemplo: "Dios ayuda a quien se ayuda" es una afirmación anti bíblica.

Explique con sus palabras la diferencia entre los términos *extra bíblico* y *anti bíblico*.

¿Por qué hago énfasis en el significado de estos términos? Porque estamos hablando de conceptos y expresiones modernas de la iglesia. Y, lamentablemente, mucho de lo que hoy asociamos con la iglesia es extra bíblico en el mejor de los casos y anti bíblico en el peor.

Por ejemplo, identificar las iglesias con los edificios puede parecernos normal, pero no aparece en el Nuevo Testamento. En ninguna ocasión vemos que allí se describa la iglesia como un edificio. De igual manera, el Nuevo Testamento nunca describe la iglesia como un conglomerado de programas.

En cambio, el Nuevo Testamento define la iglesia con una metáfora tan poderosa como íntima. La iglesia se define como el cuerpo de Cristo, tanto local como universal, y también se define como una comunidad de creyentes.

La iglesia es un cuerpo

A través del Nuevo Testamento se describe a la iglesia como un cuerpo del cual los cristianos son partes o miembros. Lea 1 Corintios 12, por ejemplo:

> **Porque así como el cuerpo es uno, y tiene muchos miembros, pero todos los miembros del cuerpo, siendo muchos, son un solo cuerpo, así también Cristo. Porque por un solo Espíritu fuimos todos bautizados en un cuerpo, sean judíos o griegos, sean esclavos o libres; y a todos se nos dio a beber de un mismo Espíritu. [...] Vosotros, pues, sois el cuerpo de Cristo, y miembros cada uno en particular. 1 Corintios 12.12-13, 27**

En estos versículos, ¿qué le resulta alentador? ¿Por qué?

Lea 1 Corintios 12.14-26. Describa en una oración el tema principal de estos versículos.

Sé que es probable que haya escuchado miles de veces el término *cuerpo de Cristo,* pero la metáfora de Pablo en estos versículos es sorprendente. Describía a la iglesia como un organismo físico y viviente, como algo que contiene muchas partes diferentes y que aun así funciona en perfecta armonía para poder vivir, moverse y respirar.

¿Se da cuenta cuán profunda es la intimidad que implica esta metáfora? Pablo reconocía que la iglesia estaba constituida por seres humanos, pero no decía que cada uno podía tener objetivos, deseos y motivaciones individuales. No, nos movemos juntos bajo una voluntad colectiva única: la voluntad de Dios. Todos nuestros esfuerzos individuales se fusionan en un cuerpo mayor que debe trabajar junto para poder sobrevivir.

Vea los versículos 25-26: "para que no haya desavenencia en el cuerpo, sino que los miembros todos se preocupen los unos por los otros. De manera que si un miembro padece, todos los miembros se duelen con él, y si un miembro recibe honra, todos los miembros con él se gozan". El cuerpo de Cristo es un ejemplo de extrema intimidad y de unidad de propósito.

¿Cómo la iglesia actual demuestra unidad y trabajo en equipo?

¿Cómo la iglesia actual muestra separación y falta de un propósito común?

Lea 1 Corintios 12.14-20. ¿Qué se requiere de nosotros como individuos para mantener la unidad en el cuerpo de Cristo?

La iglesia es local y universal

Cuando describimos la iglesia como el cuerpo de Cristo, normalmente usamos el término en referencia a la iglesia universal, al cuerpo global de Cristo conformado por todos los cristianos del mundo. Y eso es cierto. Cuando llegamos a la fe en Cristo, nos unimos a Sus seguidores de todo el mundo y a lo largo de toda la historia.

¿Se siente conectado con el cuerpo universal de Cristo? Explique.

Pero tenemos que entender que la iglesia es tanto universal *como* local. Sí, claro que existen muchos pasajes como Efesios 1.22 que proveen una visión universal de la iglesia. Pero hay muchos otros pasajes en las Escrituras que hacen referencia a las reuniones de una iglesia local.

De hecho, de las 114 veces que la palabra *ekklesia (iglesia)* se usa en el Nuevo Testamento, por lo menos 90 de esas veces se refieren a reuniones locales de creyentes. Por ejemplo, Hechos 11.22 menciona "la iglesia que estaba en Jerusalén". El libro de 1 Corintios está dirigido "a la iglesia de Dios que está en Corinto" (1.2). Romanos 16.5 hace referencia a "la iglesia de su casa [de Priscila y Aquila]".

Fíjese que estas referencias no están dirigidas a partes ni a segmentos de la iglesia. Pablo nunca escribió "a la parte de la iglesia que se reúne en Corinto". Él escribió "a la iglesia de Dios que está en Corinto", demostrándonos a través de todo el Nuevo Testamento que los creyentes se reunían en cuerpos de Cristo locales que eran expresiones tangibles y visibles del cuerpo universal de Cristo.

¿Qué es lo que más le gusta de su iglesia local?

¿Cómo su iglesia local lo ayuda a experimentar el cuerpo global de Cristo?

Así que cuando el Nuevo Testamento habla de la iglesia, la vemos de dos maneras diferentes: (1) el cuerpo universal de Cristo, compuesto por todos los verdaderos creyentes de la historia y (2) reuniones locales de creyentes que se encuentran en este mundo y alaban juntos, se aman y se ministran entre sí.

La iglesia es una comunidad

Bíblicamente, una iglesia no consiste en un grupo de personas que simplemente aparecen, estacionan su automóvil y participan juntos de distintas actividades. Sino que la iglesia está compuesta por personas que día a día y semana a semana comparten la vida de Cristo entre ellos.

Este fue el modelo que desde el comienzo se estableció entre Jesús y sus discípulos. Jesús amó a esos doce hombres. Él los sirvió, les enseñó, los animó, los corrigió y viajó con ellos. Pasó más tiempo con esos doce discípulos que con todas las demás personas.

Durante todo ese tiempo que pasaron juntos Jesús enseñó a sus discípulos a vivir y les enseñó cómo amar mientras compartía Su vida con ellos.

Qué oportunidades tiene usted de compartir su vida con otros cristianos?

De la misma manera, el Nuevo Testamento visualiza que los seguidores de Jesús vivan juntos por su propio bien. La Biblia describe a la iglesia como una comunidad de cristianos que se cuidan los unos a los otros, se aman, se invitan y reciben; se honran, sirven, instruyen, perdonan, motivan, animan y alientan. Como personas que se consuelan entre sí, que oran unas por las otras, confiesan juntas sus pecados, se estiman, edifican, enseñan, muestran bondad, dan y se regocijan unas por las otras. Que lloran, se lamentan y se restauran entre sí.

Todas estas acciones combinadas arman la imagen, no de personas que van a un edificio lleno de programas, sino de personas que decidieron dejar su vida de lado para amarse los unos a los otros.

¿Cuál es su reacción a las afirmaciones anteriores? ¿Por qué?

Lea los siguientes pasajes de las Escrituras y anote lo que enseña cada uno acerca de la manera en que los cristianos deben interactuar como miembros del mismo cuerpo.

Romanos 12.9-13

Efesios 4.25-32

1 Tesalonicenses 5.12-15

¿Qué es la iglesia? Es el cuerpo de Cristo vivo y activo en el mundo actual.

ES UNA COMUNIDAD DE CRISTIANOS QUE SE AMAN ENTRE SÍ Y ANHELAN QUE CADA UNO CONOZCA A JESÚS Y CREZCA EN ÉL.

DÍA 3
LA DISCIPLINA EN LA IGLESIA

Hace un tiempo, mientras almorzaba con un colega pastor, comenté que en la iglesia que pastoreo estábamos tratando de implementar un proceso de disciplina y restauración. Él me dijo: "Me encantaría saber cómo funciona. Si todavía sigues allí, llámame en un par de semanas". Bueno, por la gracia de Dios yo sigo aquí. Y aunque a la iglesia que pastoreo le falta mucho para implementar completamente este proceso, estoy más convencido que nunca de que esta disciplina y restauración son esenciales para todo discípulo de Cristo y para toda iglesia que proclame Su nombre.

¿Qué ideas vienen a su mente cuando escucha el término disciplina en la iglesia?

¿Ha visto que una reunión de creyentes pusiera en práctica esta disciplina? ¿Qué sucedió?

Comprendo que muchos cristianos no tengan una reacción positiva ante el concepto de la disciplina de la iglesia. También entiendo que si esta práctica se maneja mal, puede volverse legalista y provocar mucho daño. Pero, por favor, tenga paciencia y escúcheme: si la disciplina y la restauración de la iglesia se realizan bíblicamente, entonces se constituyen en dos de las expresiones más claras del amor de Dios en este mundo.

Lo que enseñó Jesús

Esto puede parecerle interesante: en los Evangelios, Jesús solo habló en dos ocasiones con Sus discípulos específicamente acerca de la iglesia. La primera fue en Mateo 16, cuando Pedro reconoció a Jesús como el Cristo. Como respuesta, Jesús proclamó que la iglesia sería construida sobre esa confesión, sobre el reconocimiento de que Jesús es "Cristo, el hijo del Dios viviente" (v. 16).

Dos capítulos después Jesús da las únicas otras instrucciones en cuanto a la iglesia. Es sorprendente que esas instrucciones hablan de la disciplina y la restitución. Según Jesús, cuando un hermano o hermana están por caer en pecado, son sorprendidos en pecado o no se arrepienten del pecado, la iglesia debe confrontar a esa persona y llevarla de vuelta a Cristo. Jesús detalló el proceso para tal restauración, uno que eventualmente lleva, si es necesario, a sacar de manera directa a los pecadores no arrepentidos de la iglesia.

Lea Mateo 18:15-17. ¿Qué experimentó al leer estos versículos? ¿Por qué?

¿Puede implementarse este proceso en la iglesia actual? Explique.

La enseñanza de Jesús sobre la disciplina en la iglesia debiera saltar de las páginas de las Escrituras y atrapar nuestra atención. Esta no era la número 100 en una lista de 101 cosas que Jesús ordenó que hiciéramos como pueblo. Era la primera en la lista, justo después de la importancia de confesar que Él es el Señor.

En otras palabras, la disciplina en la iglesia no es una práctica suplementaria para los cristianos, es fundamental. La disciplina de la iglesia no es una opción, es algo esencial.

¿Cuál es su reacción a las afirmaciones anteriores? ¿Por qué?

Por desdicha, los cristianos y las iglesias actuales tratan la disciplina y la restauración de la iglesia como si fueran opciones. Nos decimos que tal disciplina es legalista, que contradice la gracia de Dios. Pensamos en Mateo 7.1, donde Jesús dijo: "No juzguéis, para que no seáis juzgados". Vivimos en una época en la que es más fácil, y la gente lo prefiere, apartarse y afirmar que "lo que las demás personas hacen es algo entre ellos y Dios. Su pecado es su vida, su decisión y su responsabilidad".

Pero, ¿no le alegra que Dios no le responda a usted de esta manera? ¿No le alegra que Dios lo busque a pesar de sus pecados y que lo aparte de las cosas que podrían destruirlo? ¿No quiere que en su vida haya personas que lo amen lo suficiente como para cuidarlo cuando empieza a andar por el camino del pecado que lo conduce a la destrucción?

¿Alguna vez alguien impidió que usted cometiera un grave error? ¿Qué piensa ahora de esa persona?

Créame que ayudar a alguien a escapar del poder del pecado no es sentencioso, sino que es un inmenso acto de amor.

Un acto de amor

Dietrich Bonhoeffer dijo una vez: "Nada será más cruel que la indiferencia que abandona a otros en su pecado. Nada será más compasivo que la severa reprimenda dispensada a un cristiano de nuestra comunidad para que abandone su camino de pecado".[1] Este es el espíritu de la disciplina y la restauración en la iglesia. Dios es un Padre misericordioso que busca a Sus hijos extraviados y nosotros reflejamos Su gracia cuando nos preocupamos por los hermanos y las hermanas que se encuentran en pecado.

¿Está de acuerdo con las afirmaciones anteriores? Explique

¿Cómo sus acciones y relaciones reflejan su opinión sobre estas afirmaciones?

Fíjese cómo termina Santiago su epístola a la primera iglesia:

> **Hermanos, si alguno de entre vosotros se ha extraviado de la verdad, y alguno le hace volver, sepa que el que haga volver al pecador del error de su camino, salvará de muerte un alma, y cubrirá multitud de pecados. Santiago 5.19-20**

¿Qué obstáculos le impiden ocuparse de apartar a sus amigos y familiares del pecado?

Claro, hay valor en estar dispuestos a ayudar a aquellos que se alejan de la verdad. Pero, al mismo tiempo, debemos recordar que nosotros también necesitamos ayuda. Si queremos vivir como seguidores de Jesús, tenemos que buscar personas que nos amen lo suficiente como para señalar nuestros pecados y tenemos que estar dispuestos a escucharlas.

Sé que en mi vida tengo puntos ciegos y sé que tengo inclinación a pecar. Y por esto le he dicho a las personas más cercanas a mí: "Si me ven yendo hacia el pecado, si me sorprenden en pecado o me ven atraído hacia este, por favor, no usen la jerga súper espiritual como excusa para no ayudarme. ¡Arrástrenme de regreso!"

Lea 1 Corintios 5.1-13. ¿Qué problema enfrentaba Pablo en estos versículos?

Resuma los mandamientos de Pablo en los versículos 9-11. ¿Cuál es su reacción?

Lo que resulta interesante en 1 Corintios 5 es cómo Dios responsabiliza a los miembros de la iglesia por la relación pecaminosa del hombre. Es cierto que los miembros de la iglesia no eran responsables de cometer una inmoralidad sexual, pero sí lo eran por no tratar el tema entre ellos. Es muy claro que esta enseñanza se opone a la manera en que pensamos hoy día. Consideramos al pecado de una manera mucho más individualista. Decimos, a nosotros y a los demás: "Ese pecado es problema de aquel hermano". Pero eso era exactamente lo que decía la iglesia de Corinto y fue el motivo por el cual Pablo los reprendió. El pecado de ese hombre era problema de esa iglesia.

Esta realidad es central para entender la belleza de una comunidad bíblica y centrada en Cristo. En la iglesia nos pertenecemos los unos a los otros y nos preocupamos los unos por los otros de tal manera que somos responsables los unos por los otros. Ser miembro de una iglesia significa reconocer que somos responsables de ayudar a los hermanos y hermanas a nuestro alrededor a crecer como discípulos de Jesús. Y ellos son responsables de ayudarnos a nosotros. En la lucha diaria por seguir a Cristo en un mundo lleno de pecado, nos necesitamos desesperadamente los unos a los otros.

¿Ha presenciado usted cómo el pecado constante de una persona afectaba al colectivo de una iglesia local?

Tal vez se esté preguntando, *¿es que algunas personas no abandonarán la iglesia (o la evitarán por completo) si empezamos a practicar la disciplina de la manera en que Jesús la describe?* Posiblemente, pero debemos recordar que el crecimiento de la iglesia está en las manos de Cristo y no en las nuestras. Hemos pasado mucho tiempo obviando pasajes como Mateo 18, Hechos 5 y 1 Corintios 5, pretendiendo que nuestras frases pegadizas y nuestros programas creativos son medios más efectivos para atraer a las personas a la iglesia. Como resultado, el crédito por el crecimiento del cristianismo contemporáneo suele ir al pastor más pionero, con la iglesia más innovadora y el servicio de alabanza más agradable. Ese es un problema.

YA ES HORA DE QUE ESTO CAMBIE PARA QUE EL CRÉDITO POR EL CRECIMIENTO DE LA IGLESIA PUEDA SER SOLO DEL GRAN Y SANTO DIOS DEL UNIVERSO QUE MANIFIESTA SU GLORIA ATRAYENDO DE MANERA INEXPLICABLE A LOS PECADORES A TRAVÉS DE LA PUREZA DE LAS PERSONAS QUE FUERON COMPRADAS CON SU SANGRE.

SER MIEMBRO DE UNA IGLESIA

Cuando yo estaba comenzando la escuela secundaria, no tenía mucho éxito en el campo de las relaciones. A decir verdad, no tenía éxito alguno en el campo de las relaciones, hasta que cierta jovencita fue a un campamento en el que yo estaba. Se corrió la voz que ella pensaba que yo era atractivo. Poco tiempo después empezamos a tener citas que consistían en hablar todos los días por teléfono y pasar un tiempo juntos en distintos lugares.

Todo iba bien hasta una terrible noche. Decidí que ya no quería hablar por teléfono todos los días; en realidad, decidí que ya no quería esforzarme para seguir cultivando esa relación. Así que le dije a esta muchacha que estaban sucediendo muchas cosas en mi vida. Le dije que Dios, mi familia y mis estudios eran más importantes para mí que ella.

Sí, mis *estudios*. No hace falta decir que mi primera experiencia de citas no duró mucho.

¿Qué emociones experimenta cuando escucha la palabra *cita*? ¿Por qué?

Describa algunos recuerdos de sus citas.

Afortunadamente luego tuve la oportunidad de poder conocer a esa joven. Las cosas llegaron a un punto en el que nos convertimos en muy buenos amigos y luego decidimos casarnos. Desde la conversación que tuve aquella mala noche hace muchos años, mi esposa ha probado ser más que paciente conmigo.

¿Por qué menciono esta historia? Porque en la cultura cristiana se ha desarrollado una tendencia conocida como tener una cita con la iglesia. En el mercado de nuestra iglesia, manejado por los consumidores, hemos desarrollado la práctica de saltar de una iglesia a la siguiente. Y así asistimos a una iglesia y luego a otra, basados en la manera en que nos sentimos un domingo por la mañana en particular o tal vez apoyándonos solo en las actividades "espirituales" sin asistir a ninguna iglesia. Después de todo, somos cristianos. Somos parte de la iglesia del mundo entero, el cuerpo global de Cristo. Entonces, ¿por qué tenemos que comprometernos con una iglesia local?

La respuesta a esa pregunta tiene que ver por completo con el valor que tiene ser miembros de una iglesia en nuestro esfuerzo continuo por vivir como seguidores de Cristo.

¿Qué significa ser miembro de una iglesia local?

¿Es actualmente miembro de una iglesia local? Explique por qué.

Por qué tenemos citas con la iglesia

Esta idea de tener citas con la iglesia surge del deseo de evitar comprometernos con un cuerpo específico de creyentes. Y existen varias razones por las que tantos cristianos desean evitar tal compromiso.

Por una parte, la mayoría de los cristianos que viven en la cultura occidental son independientes, confían en sí mismos y son autosuficientes. Y, por lo tanto, el pensar en someterse mutuamente, responsabilizarse por otro y vivir en interdependencia nos resulta extraño, si no completamente aterrador.

¿Cuál es su reacción a las afirmaciones anteriores? ¿Por qué?

Además de esto, somos indecisos. Tenemos citas con diferentes iglesias porque no podemos decidir cuál nos gusta de verdad. Es la mentalidad del consumidor aplicada a la iglesia, como si el domingo por la mañana se saliera de compras a buscar el mejor producto por el mejor precio. Siempre estamos buscando la mejor opción, que con frecuencia nos lleva a tener una actitud crítica hacia la iglesia. Podemos encontrar algo malo en cada iglesia que visitemos, y aunque nos quedemos en algún sitio, siempre estaremos atentos a las cosas que no nos gustan.

En resumidas cuentas, a menudo somos indiferentes. ¿Acaso es algo tan importante unirse y comprometerse con una iglesia? ¿No es solo una formalidad, y una formalidad innecesaria? Muchos cristianos simplemente no tienen idea de por qué está mal tener citas con la iglesia y por qué tal devoción con una iglesia es necesaria.

¿Qué procedimiento siguió para elegir la iglesia en la que se encuentra ahora?

¿Cómo describiría su nivel de compromiso con su iglesia? Explique.

Cuando analizamos detenidamente las cuestiones en cuanto a ser miembro de una iglesia, descubrimos que no solo es importante desde una perspectiva bíblica, sino que también trae grandes beneficios para aquellos que eligen seguir a Cristo.

El valor de ser miembro de una iglesia

A veces es fácil pasar por alto la manera en que el Nuevo Testamento expresa el valor de ser miembro de una iglesia porque los autores bíblicos casi siempre dieron por sentado este concepto.

Por ejemplo, al principio de esta semana hablamos acerca de la importancia de las iglesias locales como expresiones visibles del cuerpo universal de Cristo. Y, sin embargo, cuando se piensa en esto, llegamos a la conclusión de que las iglesias locales no existirían sin los miembros. Si los cristianos no se hubieran comprometido a unirse como un cuerpo local en esa región, no hubiera existido una "iglesia de Dios que está en Corinto" (1 Corintios 1.2). Lo mismo se aplica a las iglesias de Roma, Éfeso, Antioquía, Tesalónica y etcétera. Estas asambleas locales no habrían tenido importancia si los primeros cristianos solo se hubieran considerado miembros del cuerpo universal de Cristo.

Por supuesto, es importante que en el Nuevo Testamento nunca veamos que se hable a seguidores de Cristo que no pertenecieran a la iglesia local. Esto dice mucho del valor de ser miembro de una iglesia.

Explique con sus propias palabras cuál es la conexión entre ser miembro de la iglesia y la existencia continua de las iglesias locales.

Cuando el Nuevo Testamento describe la necesidad y el proceso de la disciplina en la iglesia, también se considera el valor de ser miembro de una iglesia.

Vuelva a leer Mateo 18.15-20 y 1 Corintios 5.1-13. ¿Cuáles son los diferentes pasos involucrados en la disciplina de la iglesia?

Fíjese que Jesús hace referencia a "la iglesia" (Mateo 18.17). Jesús no estaba diciendo que si un creyente permanece impenitente, entonces tal pecado se debe comunicar al cuerpo universal de Cristo en todo el mundo. Sino que Jesús hacía referencia al cuerpo local de creyentes del que ese hermano era parte o miembro. De la misma manera, cuando Pablo trató el tema de los hermanos impenitentes en la iglesia de Corinto, él dijo: "Quitad, pues, a ese perverso de entre vosotros" (1 Corintios 5.13b). Pablo hablaba de sacar al hermano de la iglesia y esto tiene consecuencias evidentes para los miembros. Ser un cristiano y no congregarse en la iglesia local era un asunto serio. Era un castigo diseñado para ayudar a que el cristiano se arrepintiera de su pecado. Y, por lo tanto, no debemos buscar voluntariamente estar separados de la iglesia local.

¿Qué cambiaría en su vida si involuntariamente fuera separado de su iglesia local?

La Biblia también deja en claro la importancia de ser miembro de una iglesia cuando habla del liderazgo. Hebreos 13 ordena a los cristianos:

> **Obedeced a vuestros pastores, y sujetaos a ellos; porque ellos velan por vuestras almas, como quienes han de dar cuenta; para que lo hagan con alegría, y no quejándose, porque esto no os es provechoso. Hebreos 13.17**

¿Cuál es su reacción a este versículo? ¿Por qué?

Este versículo ilustra la importancia de ser miembro de una iglesia en dos niveles diferentes. Para los líderes de la iglesia es un recordatorio de que Dios le ha encomendado a la iglesia local el cuidado de ciertos creyentes. Cierto, este versículo me recuerda, a mí personalmente, que soy responsable ante Dios por los cristianos que Él ha puesto a mi cuidado como pastor. Entonces, ¿a quiénes incluye? ¿Soy responsable ante Dios de cuidar a cada seguidor de Jesús en el cuerpo universal de Cristo? Afortunadamente, no.

Del mismo modo, desde la perspectiva de un cristiano, Hebreos 13.17 ordena a los seguidores de Cristo que obedezcan a sus líderes. ¿Quiere decir esto que cada cristiano es responsable de obedecer la instrucción de cada líder cristiano del cuerpo universal de Cristo? Seguro que no. Este es un mandato específico para que los cristianos sigan a los líderes de la iglesia local de la cual son miembros.

Y no se confunda: este mandato es para su propio beneficio como miembro de una iglesia local. Sé que ha habido casos en que los líderes han abusado de su posición en la iglesia, pero esto nunca estuvo en los planes de Dios. Además, esos casos de mal liderazgo no anulan los inmensos beneficios de un liderazgo piadoso en la iglesia local.

Lea los siguientes pasajes de las Escrituras y anote qué beneficios reciben de sus líderes los miembros de las iglesias.

Hechos 20.25-31

Hebreos 13.7

1 Pedro 5.1-4

¿Cuándo los líderes de su iglesia lo han bendecido?

Así que, ¿es bueno para mí y para usted comprometernos en una iglesia bajo el liderazgo de pastores que fielmente enseñan la Palabra de Dios y siguen Su ejemplo de manera sistemática? Absolutamente. Según las Escrituras, es también necesario.

ESTE ES EL BUEN PLAN QUE DIOS CREÓ

PARA CADA DISCÍPULO DE JESÚS.

PLAN PERSONAL PARA HACER DISCÍPULOS: CÓMO SER MIEMBRO DE LA IGLESIA

Esta semana hemos visto la iglesia desde distintos ángulos. Me gustaría terminar este estudio con un análisis rápido de varios versículos de Efesios 4. Este es un pasaje maravilloso de las Escrituras que nos ayuda a pensar profundamente en la importancia de la iglesia local en nuestra vida diaria.

Primero, lea los versículos 2-6:

> Con toda humildad y mansedumbre, soportándoos con paciencia los unos a los otros en amor, solícitos en guardar la unidad del Espíritu en el vínculo de la paz; un cuerpo, y un Espíritu, como fuisteis también llamados en una misma esperanza de vuestra vocación; un Señor, una fe, un bautismo, un Dios y Padre de todos, el cual es sobre todos, y por todos, y en todos.

¿Qué le parece más interesante de estos versículos? ¿Por qué?

Los versículos 5-6 describen la presencia de "un Señor, una fe, un bautismo, un Dios y Padre de todos". ¿Cómo estos conceptos generan unidad en la iglesia?

Uno de los objetivos de Pablo en estos versículos era mostrar a los miembros de la iglesia que pertenecemos no solo a Jesús sino también los unos a los otros. Todos venimos de contextos diferentes y tenemos personalidades distintas, pero formamos una iglesia. Este es otro motivo por el cual el bautismo es un símbolo poderoso. Es algo que une a todos los seguidores de Jesús y hace referencia a nuestra mutua muerte y nueva vida.

Lea Efesios 4.11-13. ¿Qué enseñan estos versículos acerca de los líderes de la iglesia?

Según estos versículos, ¿qué responsabilidades tienen esos líderes?

Como miembros de una iglesia, ¿por qué metas debemos trabajar?

Por último, lea los versículos 14-16:

> **Para que ya no seamos niños fluctuantes, llevados por doquiera de todo viento de doctrina, por estratagema de hombres que para engañar emplean con astucia las artimañas del error, sino que siguiendo la verdad en amor, crezcamos en todo en aquel que es la cabeza, esto es, Cristo, de quien todo el cuerpo, bien concertado y unido entre sí por todas las coyunturas que se ayudan mutuamente, según la actividad propia de cada miembro, recibe su crecimiento para ir edificándose en amor.**

Fíjese que el amor es una marca distintiva de la iglesia. Seguimos la verdad en amor. Nos edificamos mutuamente en amor. Y al final, ¿por qué debemos unirnos a una iglesia? Por amor. Jesús enseñó que el amor era la esencia de ser miembro de una iglesia: "En esto conocerán todos que sois mis discípulos, si tuviereis amor los unos con los otros" (Juan 13.35).

Como miembro de la iglesia, ¿cómo ha experimentado el amor últimamente?

Como miembro de la iglesia, ¿cómo ha expresado amor últimamente?

Basado en Efesios 4 y también recordando todo lo que aprendimos esta semana, escribí mi mejor versión de una definición de una iglesia local: *La iglesia es un cuerpo local de creyentes bautizados que se unen bajo un liderazgo bíblico para crecer a la semejanza de Cristo y expresar Su amor entre ellos y al mundo que los rodea.*

¿Quiere usted ser parte de esa clase de colectivo? ¿Quién daría la espalda a la oportunidad de participar en algo tan maravilloso? Yo no. Y espero que usted tampoco.

Así que esa pregunta se transforma en esta otra: ¿Ha estado participando en esa clase de iglesia? Si no es así, ¿qué puede hacer al respecto? Lo animo a que se examine a sí mismo y a su compromiso con la iglesia respondiendo tres preguntas esenciales.

¿Está comprometido con una iglesia local?

Esta es una pregunta que debemos hacernos para comenzar el autoexamen: *¿Soy un miembro activo y responsable de una iglesia local?* Fíjese que esta pregunta no es solo si *su* nombre figura en alguna lista de miembros. Tampoco se refiere a si asiste a alguna iglesia

No, la verdadera pregunta es: *¿Estoy comprometido con una iglesia local en la que participo con otros seguidores de Cristo con una responsabilidad mutua y bajo un liderazgo bíblico para la gloria de Dios?*

¿Cuál es su respuesta a la pregunta anterior?

Anote sus experiencias recientes con cada componente de esa pregunta.

¿Ha revelado su vida recientemente a otros seguidores de Cristo en una rendición de cuentas mutua?

¿Ha experimentado un liderazgo bíblico en su iglesia?

¿Se ha preparado y animado para glorificar a Dios como miembro de la iglesia?

Según el Nuevo Testamento, si usted solo acostumbra a tener citas u obviar por completo a la iglesia local, usted está viviendo en contra del plan de Dios para su vida cristiana. Es imposible seguir a Cristo sin estar comprometido con la iglesia local.

Si no está satisfecho con sus respuestas a las preguntas anteriores, debe hacerse otra pregunta.

¿Dónde debe comprometerse?

Durante el transcurso del año la iglesia de la que soy pastor organiza una clase de cuatro semanas para miembros potenciales de la iglesia. En ese tiempo yo siempre le hago la misma pregunta a cada miembro de la clase: "¿Es este el cuerpo local de Cristo donde usted podrá hacer discípulos de Jesús con mayor eficiencia?"

Si la respuesta a esa pregunta es afirmativa, entonces los animo a unirse a nuestra iglesia, no como espectadores en la banca sino como partícipes de la misión. Si la respuesta a esa pregunta es negativa, entonces los insto a que se unan a otra iglesia local donde puedan llevar a cabo el encargo de Cristo más eficientemente.

¿Y usted?

¿Dónde puede hacer discípulos a todas las naciones con mayor eficiencia?

¿Dónde están los pastores que usted puede seguir con confianza porque enseñan y son ejemplo de la Palabra de Dios?

¿Dónde están las personas con las que se comprometerá a servir y someterse como discípulo de Jesús?

Responder estas preguntas y comprometerse con una iglesia nos lleva a la pregunta final.

¿Cómo servirá usted siendo miembro de la iglesia?

Mientras piensa en la iglesia de la que es miembro, considere qué puede hacer para edificar y ser edificado por el cuerpo de Cristo. ¿Hay personas a las que pueda servir de maneras específicas? ¿Hay cierta posición que pueda ocupar con propósitos específicos? ¿Qué hará para dar su vida por las personas de la iglesia? Y, ¿qué hará para asegurarse de tener personas que cuiden su vida en Cristo y que estén dispuestas a frenarlo cuando empiece a apartarse de Él?

¿Qué personas de su iglesia local tienen necesidades que usted podría suplir?

¿Cómo sirve actualmente a su iglesia local? ¿Qué fruto ha generado ese servicio?

¿De qué otra forma podría contribuir como miembro de su iglesia? ¿A quién podría consultar para decidir si debe incrementar su servicio?

Seguir a Cristo es amar a Su iglesia. Es bíblico, espiritual y prácticamente imposible ser un discípulo de Cristo, mucho menos *hacer* discípulos de Cristo, sin tener una devoción total por una familia de cristianos.

¿CÓMO EMPLEARÁ SU VIDA MOSTRANDO EL AMOR DE DIOS COMO MIEMBRO DE UNA IGLESIA?

Lea el capítulo 7 de "Sígueme" por David Platt (Tyndale 2013).

1. Bonhoeffer, Dietrich, *Life Together* [La vida juntos], Harper & Row, New York, 1945, p. 107.

NUESTRA MISIÓN

Bienvenido de nuevo a este grupo de estudio de *Síganme*.

La actividad de aplicación de la semana pasada lo desafiaba a conocer mejor su iglesia local. Comente lo que más le sorprendió o lo que le pareció más interesante. ¿Qué es lo que más aprecia de su iglesia local? ¿Por qué?

Describa lo que más le gustó del material de estudio de la semana 5. ¿Qué preguntas tiene?

En la actualidad, ¿qué personas tienen autoridad sobre su vida diaria? ¿Cómo suele reaccionar cuando ellos ejercen esa autoridad? Lea en voz alta Mateo 28.16-20:

> **Pero los once discípulos se fueron a Galilea, al monte donde Jesús les había ordenado. Y cuando le vieron, le adoraron; pero algunos dudaban. Y Jesús se acercó y les habló diciendo: Toda potestad me es dada en el cielo y en la tierra. Por tanto, id, y haced discípulos a todas las naciones, bautizándolos en el nombre del Padre, y del Hijo, y del Espíritu Santo; enseñándoles que guarden todas las cosas que os he mandado; y he aquí yo estoy con vosotros todos los días, hasta el fin del mundo. Amén**

Use las siguientes preguntas como guía para el debate: ¿Por qué es importante que Jesús reclame toda autoridad sobre el cielo y la tierra? ¿Cómo mostró Jesús Su autoridad en Su ministerio público?

Mateo 28.19 no es un llamado para que la mayoría de los cristianos vengan, sean bautizados y se sienten cómodamente en un lugar. Es una orden difícil de cumplir para que cada cristiano vaya, bautice y haga discípulos a todas las naciones.

¿Qué medidas ha tomado para servir a las naciones y proclamar el evangelio a todos los pueblos? ¿Qué medidas le gustaría tomar el año que viene? ¿Ha sentido recientemente que la presencia de Cristo lo ha apoyado y fortalecido en su vida? ¿Cómo reaccionó a Su presencia? ¿Qué medidas puede tomar para aumentar su dependencia de la presencia de Cristo?

Aplicación: Seamos parte de algo que está más allá de nosotros. Seamos parte de algo para lo cual necesitamos de Su presencia. No seamos cristianos en iglesias que están llenas de programas y de prácticas que podemos hacer por nosotros mismos. Esta semana, mientras ore, pídale a Dios que le dé una meta o una visión que solo pueda cumplirse con Su poder y Su presencia en su vida. Comprométase a orar con persistencia y constancia por esa meta o visión.

Versículo para memorizar esta semana:

> **Y Jesús se acercó y les habló diciendo: "Toda potestad me es dada en el cielo y en la tierra. Por tanto, id, y haced discípulos a todas las naciones, bautizándolos en el nombre del Padre, y del Hijo, y del Espíritu Santo; enseñándoles que guarden todas las cosas que os he mandado; y he aquí yo estoy con vosotros todos los días, hasta el fin del mundo. Amén". Mateo 28.18-20**

¿Qué quiere usted para su vida? ¿Qué quiere experimentar como seguidor de Cristo? ¿Qué espera conseguir como miembro de la iglesia?

Le diré lo que deseo: quiero ser parte de un pueblo que realmente cree tener el Espíritu de Dios en él para difundir el evangelio. Quiero ser parte de un pueblo que sacrifica de buena gana los placeres, las aspiraciones y las posesiones de este mundo porque vive para los tesoros del otro mundo. Quiero ser parte de un pueblo que abandona las ambiciones terrenales por una aspiración eterna: ver cómo nacen nuevos discípulos y cómo las iglesias se multiplican desde nuestras casas a nuestras comunidades y de allí a nuestras ciudades y naciones.

Esta clase de movimiento nos incluye a todos. Implica que cada discípulo haga discípulos. No más espectadores. Implica que las personas comunes y corrientes difundan el evangelio por todo el mundo de una forma extraordinaria. Implica que hombres y mujeres con diversos dones, orígenes y habilidades hagan discípulos y multipliquen a las iglesias en todo sector de la sociedad y en cada rincón del planeta.

Este es el plan de Dios para Su iglesia y los discípulos de Jesús no debemos conformarnos con menos.

¿Quién puede medir o imaginarse qué podrá pasar cuando todas las personas de Dios empiecen a hacer discípulos intencionalmente, con humildad y en oración? ¿Y si cada uno de nosotros, como seguidores de Cristo, realmente empezáramos a pescar hombres? Así fue como Dios planeó que Su increíble gracia se esparciera hasta los confines de la tierra para alcanzar Su máxima gloria. Y esta es la vida que Dios ordena para cada uno de Sus hijos: que disfrutemos de Su gracia mientras expandimos Su gloria a cada pueblo del mundo.

¿Y qué me dice usted? Ahora que estamos terminando este estudio, ¿qué es lo que desea?

NUESTRA MISIÓN

CREER EN LA AUTORIDAD DE CRISTO

Iniciamos este estudio analizando las primeras palabras que Jesús dijo a Sus discípulos en el Evangelio de Mateo: "Y les dijo: Venid en pos de mí, y os haré pescadores de hombres" (4.19). Este fue el llamado que cambió la vida de cuatro hombres que oyeron y siguieron.

Entonces, creo que es apropiado que terminemos este estudio analizando las últimas palabras que Jesús dijo a Sus discípulos en el Evangelio de Mateo. Normalmente nos referimos a ellas como la Gran Comisión:

> **Y Jesús se acercó y les habló diciendo: "Toda potestad me es dada en el cielo y en la tierra. Por tanto, id, y haced discípulos a todas las naciones, bautizándolos en el nombre del Padre, y del Hijo, y del Espíritu Santo; enseñándoles que guarden todas las cosas que os he mandado; y he aquí yo estoy con vosotros todos los días, hasta el fin del mundo. Amén". Mateo 28.18-20**

¿Qué órdenes dio Jesús a Sus discípulos en estos versículos?

¿Cómo motivó Jesús a Sus discípulos en estos versículos?

La mayoría de los cristianos conocen estos versículos y debieran ser los que impulsen y motiven cada decisión de nuestra vida. Y, sin embargo, a menudo olvidamos tomarlos en cuenta. Es triste que la Gran Comisión represente uno de los pasajes de las Escrituras más conocidos y más obviados.

Anhelo que esto cambie. Es mi deseo que estas palabras se apliquen a mi vida como discípulo de Jesús y a la vida de cada discípulo. Anhelo que estas palabras sean el centro de todo lo que hacemos hoy en la iglesia.

Tenga esto presente porque dedicaremos los próximos tres días a profundizar tres de las exhortaciones principales que están presentes en la Gran Comisión: (1) crea en la autoridad de Cristo, (2) obedezca los mandamientos de Cristo y (3) dependa de la presencia de Cristo.

Jesús es el Señor

Imagine que va conduciendo por la autopista y de repente ve luces azules en su espejo retrovisor. Mira hacia atrás y ve un auto de la policía que le hace señas para que se detenga. ¿Qué haría usted?

¿Cómo respondería a la pregunta anterior?

Se detendría, por supuesto. ¿Por qué? Porque el oficial de la policía tiene autoridad para ordenar que detenga su vehículo y la autoridad de castigarlo si se niega a hacerlo. Su autoridad lo obligaría a obedecer.

¿Cuáles son las principales fuentes de autoridad en su vida?

¿Cómo suele responder a las personas que tienen autoridad sobre usted? ¿Por qué?

Cuando Jesús reunió a Sus discípulos para darles la Gran Comisión, no empezó dando una serie de órdenes. Comenzó haciendo una declaración tan simple como sorprendente: "Y Jesús se acercó y les habló diciendo: Toda potestad me es dada en el cielo y en la tierra" (v. 18).

La comisión de Jesús fue un momento históricamente importante porque sentó un precedente para el futuro, para todo lo que sus discípulos harían luego del regreso de Jesús al cielo. Pero esto que alegó Jesús, "toda potestad me es dada en el cielo y en la tierra" también fue una conexión importante con el pasado. Específicamente, conectó a Jesús con una importante profecía que siglos antes pronunciara el profeta Daniel:

> **Miraba yo en la visión de la noche, y he aquí con las nubes del cielo venía uno como un hijo de hombre, que vino hasta el Anciano de días, y le hicieron acercarse delante de él. Y le fue dado dominio, gloria y reino, para que todos los pueblos, naciones y lenguas le sirvieran; su dominio es dominio eterno, que nunca pasará, y su reino uno que no será destruido. Daniel 7.13-14**

¿Qué palabras o frases de estos versículos le resultan más interesantes? ¿Por qué?

¿De qué manera la profecía de Daniel señala a Jesús?

En primer lugar, fíjese nuevamente en esta clara manifestación de la voluntad de Dios para el mundo: Él quiere redimir a los hombres y a las mujeres de cada nación del planeta. Tenemos que entender esto. La misión de Jesús en la tierra nunca fue para *una* sola nación, sino para *todas* las naciones. De la misma manera, la autoridad de Jesús no se aplica solo a *un* grupo, Él tiene autoridad sobre *todas* las personas.

Pero la potestad de Jesús va más allá. Si creemos lo que dice Su palabra, Él tiene autoridad sobre todas las cosas y sobre todo lo que podamos imaginarnos.

Lea los siguientes pasajes de las Escrituras y anote lo que enseñan sobre la autoridad de Jesús.

Mateo 8.23-27

Mateo 9.1-8

Mateo 28.1-10

¿Creemos esto? ¿Creemos que Jesús tiene la autoridad que Él dice poseer? Si es así, nuestra vida debe cambiar. Ser un discípulo de Jesús significa vivir bajo Su autoridad y entregar a Él cada faceta de nuestra vida. Y si nos rendimos ante Su autoridad, debemos prestar atención a lo que dijo después: "Por tanto, id" (28.19).

La autoridad de Jesús nos obliga a ir

Al considerar esto, involucrarnos en el evangelismo, en las misiones y en el discipulado, nos damos cuenta que solo tiene sentido si Jesús tiene autoridad sobre el cielo y la tierra.

Literalmente, existen miles de millones de personas en este mundo que no creen en el mensaje del evangelio. Algunas de estas personas viven en nuestras comunidades, muchas de ellas viven en África, el norte de India, China y en todos los demás países del mundo. Algunas de estas personas oyeron el mensaje y lo rechazaron, muchas otras ni siquiera escucharon las buenas nuevas de salvación.

A pesar de sus diferencias, estos miles de millones de personas tienen algo vital en común: Jesús es su Señor legítimo. Jesús es el Único que puede salvarlos de sus pecados. Por lo tanto, tenemos que salir y dar a conocer el mensaje del evangelio.

Existen dos razones por las que debemos ir. Primero, porque Dios ama a cada ser humano y quiere que todos experimenten la salvación. En 1 Timoteo 2.4 leemos que Dios "quiere que todos los hombres sean salvos y vengan al conocimiento de la verdad". Gracias a 2 Pedro 3.9, entendemos que Dios "es paciente para con nosotros, no queriendo que ninguno perezca, sino que todos procedan al arrepentimiento".

¿Qué le resulta más esperanzador de los pasajes anteriores de las Escrituras? ¿Por qué?

¿Cómo conocer los deseos de Dios afecta nuestras acciones y decisiones?

En segundo lugar, debemos salir y dar a conocer el evangelio porque solo Jesús es digno de toda gloria, honra y loor. Proclamamos el evangelio y hacemos discípulos porque existen miles de millones de personas en este mundo que privan a Jesús de la gloria que le corresponde como Señor. Son miles de millones los que adoran a falsos dioses e ídolos cuando solo deberían adorar a Jesús.

Debemos proclamar Su nombre porque Jesús es digno. Jesús es el Señor y por eso miramos hacia el futuro, al día en que hombres y mujeres "de todas naciones y tribus y pueblos y lenguas" estén "delante del trono y en la presencia del Cordero" (Apocalipsis 7.9).

¿Cuál es su reacción al enterarse que a Jesús se le niega el honor que merece?

¿Qué ha hecho recientemente para glorificar a Jesús sobre todo lo demás?

Jesús tiene autoridad sobre todas las cosas. Esta es la base sobre la cual podemos construir nuestra vida.

ESTE HECHO DEBE DARNOS CONFIANZA

PARA SALIR Y TRABAJAR PARA CUMPLIR SU VOLUNTAD.

OBEDEZCA LAS ÓRDENES DE CRISTO

Pensar en la Gran Comisión con frecuencia me hace recordar a un pequeño grupo de cristianos con los que tuve el placer de pasar un tiempo en un país en el que predominan los musulmanes. Estos hermanos y hermanas son dueños de un exitoso negocio que emplea a hombres y mujeres musulmanes, y ellos usan esta oportunidad para amar a las personas y guiarlas a la vida eterna en Cristo.

Mis amigos comienzan por proclamar el evangelio, lo cual deben hacer con astucia porque proclamar el evangelio en este país puede traerles por consecuencia que los persigan y los maten. Su objetivo es, específicamente, entretejer las hebras del evangelio en cada oportunidad de interacción con los musulmanes. En cada conversación, en cada trato de negocios, en cada comida y en cada reunión buscan oportunidades para hablar sobre quién es Dios, cómo ama Dios, qué está haciendo Dios en el mundo y, sobre todo, qué hizo Dios por nosotros en Cristo.

Por supuesto, no todas las conversaciones terminan en una completa explicación de una hora acerca del evangelio. Sencillamente tratan de impregnar todas sus interacciones con diversos "hilos" del evangelio; es como tejer usando hebras de distintos colores para hacer un edredón. Su oración es que en un momento dado Dios abra los ojos de los hombres y las mujeres que los rodean para que puedan contemplar el tapiz del evangelio y así llegar a los pies de Cristo.

Y la buena noticia es que está funcionando. Mis amigos se han ganado el derecho de ser escuchados al mostrar un afecto y preocupación genuinos por las personas con las que viven y trabajan. Y los musulmanes están sintiendo el amor de Cristo debido a que mis amigos se ofrecen a orar por los enfermos y ayudan a los necesitados. Y gracias a que mis amigos están dispuestos a proclamar el mensaje del evangelio, las personas que los escuchan están recibiendo la salvación.

Entre sus amigos y familiares, ¿quién hace un buen trabajo para incorporar el mensaje del evangelio a la vida diaria?

¿Ha logrado usted hacerlo recientemente? ¿Qué sucedió después?

Cuando pienso en mis amigos, simples seguidores de Cristo que viven y trabajan para hacer discípulos y multiplicar iglesias, no puedo evitar preguntarme: *¿Por qué no lo hacemos todos?* Por supuesto, la situación y las circunstancias son diferentes para cada uno, pero, ¿no es eso algo bueno? ¿Y si Dios nos colocó en distintos lugares, con trabajos y dones diferentes, y entre personas diferentes con el propósito de que cada uno de nosotros haga discípulos y multiplique las iglesias?

¿Cómo reacciona usted a esta última pregunta? ¿Por qué?

De esta manera es que Dios nos llama a vivir. Ayer nos enfocamos en la primera declaración que hizo Jesús en la Gran Comisión: "Toda potestad me es dada en el cielo y en la tierra" (Mateo 28.18). Es debido a esa autoridad que en Su segunda declaración Jesús demanda obediencia:

> **Por tanto, id, y haced discípulos a todas las naciones, bautizándolos en el nombre del Padre, y del Hijo, y del Espíritu Santo; enseñándoles que guarden todas las cosas que os he mandado; y he aquí yo estoy con vosotros todos los días, hasta el fin del mundo. Amén. Mateo 28.19-20**

Esta no es una sugerencia. Es una orden para que cada discípulo de Cristo, incluyéndonos a usted y a mí, haga más discípulos para Él.

Predique la Palabra

Algo que tal vez se esté preguntando ahora es *¿cómo?* ¿Cómo podemos hacer discípulos? Según Mateo 28.19 existen diversos pasos que podemos dar. Y el primero es ir. No estamos llamados a sentarnos cómodamente en el mismo asiento, domingo tras domingo, a escuchar sermones. Por el contrario, se nos ha llamado a vivir activamente como seguidores de Jesús en nuestra familia, en nuestro barrio, en nuestro trabajo y en otras partes.

Al ir, estamos llamados a propagar la Palabra de Dios. Estamos llamados a hablar del evangelio, aunque estemos viviendo de acuerdo al mismo. Estamos llamados a proclamar con nuestras palabras y acciones que Jesús es el Señor.

Sin embargo, esto no quiere decir que tenemos que acercarnos a nuestro compañero de trabajo junto al bebedero de agua y decirle: "Eres un pecador terrible y condenado que necesita salvación". Es mejor seguir el ejemplo de mis amigos, a los que describí antes: tejer las hebras del evangelio en nuestra vida en cada oportunidad que tengamos.

¿Alguna vez ha ofendido a alguien por propagar el evangelio o decir la verdad de la Palabra de Dios? ¿Qué sucedió después?

Esto, en la práctica, quiere decir que debemos hablar acerca de Dios como de alguien a quien conocemos, amamos y adoramos. Cada día, en vez de hablar como ateos, atribuyendo a la coincidencia las circunstancias a nuestro alrededor, debemos hacer evidente el carácter de Dios frente a personas que tal vez aún no crean en Él. En el contexto de nuestras conversaciones cotidianas hablemos de Dios como Creador, como Juez y Salvador.

¿Hasta qué punto presentamos las verdades teológicas en nuestras conversaciones diarias? Explique.

¿Qué cosas impiden incorporar más aspectos del evangelio en sus interacciones diarias con las personas?

Como cristianos, debemos hablar sobre las dificultades de este mundo con un espíritu de profunda esperanza y alegría. Cada prueba que enfrentemos, por difícil que sea, es una oportunidad para mostrar a las personas que la satisfacción que viene de Dios supera el sufrimiento de esta vida.

Lo que es más importante, hablemos con claridad y compasión de la persona de Jesús y de Su obra. Hablemos sobre Su vida, sobre las personas que Él sanó, las cosas que enseñó, los milagros que realizó y la manera en que sirvió. Hablemos de Su muerte. Proclamemos Su resurrección.

¿Qué saben las personas a su alrededor acerca de su relación con Jesús?

¿Qué pueden aprender sus amigos y conocidos acerca de usted si se basaran en la forma en que reacciona ante el sufrimiento? Explique.

Enseñe la Palabra

Según la Gran Comisión, los seguidores de Jesús son llamados a ir, hacer discípulos y enseñar a esos discípulos a obedecer todo lo que Jesús ordenó. Fíjese que hacer discípulos implica más que solo guiar a las personas a confiar en Cristo. Hacer discípulos también incluye enseñar a las personas a seguir a Cristo.

Note también que Mateo 28.19 menciona el bautismo como un elemento esencial de esta enseñanza. Bautizamos a los nuevos discípulos porque esto simboliza su identificación con la persona de Cristo y su inclusión al cuerpo de Cristo. Les ayuda a entender lo que han experimentado, incluso mientras anuncian públicamente su intención de seguir a Jesús.

¿Qué oportunidades tiene usted de presenciar el bautismo de los nuevos creyentes?

¿Qué emociones experimenta cuando ve a las personas que se bautizan? ¿Por qué?

En la sociedad actual la mayoría de las personas asocian el término enseñar con la idea de transferir información de una persona (un maestro) a muchas otras (los estudiantes). Después de todo, esto es lo que pasa en la escuela.

Pero así no es como se debe entender la enseñanza en el cuerpo de Cristo, o por lo menos no es exclusivamente así. Hay lugar para libros, clases y conocimientos intelectuales, pero para un discípulo experimentado de Cristo es mucho más valioso mostrar a otros cómo es la vida de Cristo en la práctica.

¿Cuáles son los riesgos de depender solo del conocimiento intelectual para enseñar a otros cómo seguir a Cristo?

¿Cómo puede evitar estos riesgos?

Algunos podrían decir: "¿No es eso lo que los predicadores debieran hacer? ¿Enseñar la Palabra de Dios?" La respuesta, en cierto sentido, es sí. Claro, Dios ha llamado a ciertas personas en la iglesia y les ha dado un don para enseñar Su palabra *formalmente*. Al mismo tiempo, Él nos llamó a todos nosotros en la iglesia para enseñar Su Palabra *usando sus relaciones*.

En la Gran Comisión Jesús exhortó a Sus discípulos a que fueran, bautizaran y enseñaran a las personas a obedecer todos Sus mandatos. Esta clase de enseñanza no requiere un don especial ni un ambiente específico. Sucede en todas partes: en hogares, barrios, sitios de trabajo, paseos en auto, reuniones y durante las comidas; en el contexto donde vivimos, trabajamos y jugamos cada día. Durante esta semana analizaremos esto más detalladamente a través del Plan personal para hacer discípulos.

Lea los siguientes pasajes de las Escrituras y anote lo que enseñan sobre métodos para enseñar a otros cómo seguir a Cristo.

Deuteronomio 6.4-9

1 Corintios 10.31–11.1

1 Tesalonicenses 1.4-7

Identifique una manera en la que en su rutina diaria podría enseñar la Palabra a alguna persona.

Si usted quiere vivir como un discípulo de Jesús, debe dar su vida para hacer más discípulos. Debe estar dispuesto a enseñar la Palabra de Dios a aquellos que necesitan oírla.

Y DEBE ESTAR DISPUESTO A ENSEÑAR LOS CAMINOS DE DIOS A AQUELLOS QUE DESEEN SEGUIRLO A ÉL.

DEPENDA DE LA PRESENCIA DE CRISTO

¿Recuerda cómo Mateo presentó a Jesús al comienzo de su Evangelio? Empezó por escribir una larga genealogía que demostraba que Jesús era el "hijo de David, hijo de Abraham" (1.1).

Esto es importante porque enfatizaba cómo Jesús estaba cumpliendo la promesa que Dios le había hecho a Abraham, "serán benditas en ti todas las familias de la tierra" (Génesis 12.3). De la misma manera, Jesús era del linaje real de David. Así cumplió la promesa que Dios le hizo a David: "Y será afirmada tu casa y tu reino para siempre delante de tu rostro, y tu trono será estable eternamente" (2 Samuel 7.16).

Así que Mateo, al principio del Evangelio, dejó claro que Jesús es alguien importante. Jesús es de la realeza. Él es el heredero de antiguas promesas y de una bendición para el mundo. Jesús es el Señor, un título que corresponde con la proclamación que hace al final del Evangelio de Mateo: "toda potestad me es dada en el cielo y en la tierra" (28.18).

Y, sin embargo, hasta en el contexto de esta gloriosa presentación Mateo también preparó el camino para que pudiéramos entender que Jesús no es alguien apartado o distante de nosotros. En cambio, Él está cerca. Está con nosotros y a favor de nosotros:

> **Todo esto aconteció para que se cumpliese lo dicho por el Señor por medio del profeta, cuando dijo: He aquí, una virgen concebirá y dará a luz un hijo, y llamarás su nombre Emanuel, que traducido es: Dios con nosotros. Mateo 1.22-23**

"Dios con nosotros". Recuerde esta idea porque genera una poderosa conexión con la conclusión de la Gran Comisión de Jesús al final del Evangelio de Mateo:

> **Por tanto, id, y haced discípulos a todas las naciones, bautizándolos en el nombre del Padre, y del Hijo, y del Espíritu Santo; enseñándoles que guarden todas las cosas que os he mandado; *y he aquí yo estoy con vosotros todos los días, hasta el fin del mundo. Amén.* Mateo 28.19-20, énfasis del autor.**

Saber que Jesús está "con nosotros" todos los días, ¿cómo influye en su manera de vivir? ¿Cómo debiera influir en su modo de abordar la vida?

Como discípulos de Jesús creemos en la autoridad de Jesucristo. Y como creyentes buscamos obedecer las órdenes de Él. Sin embargo, para hacer eso, debemos depender de la presencia de Jesús mientras lo seguimos.

La presencia de Jesucristo abastece nuestra misión

Jesús prometió estar siempre con nosotros, incluso hasta el final de los tiempos. No pase por alto la importancia de esta promesa porque, para aquellos de nosotros que decidimos seguir a Jesús, nuestra misión no se basa en quiénes somos o en lo que podemos hacer. No se trata de lo que podamos aportar.

Por el contrario, nuestra misión se basa en quién es Jesús y en lo que Él puede hacer con y por medio de nuestra vida.

¿Cuál es su reacción a la afirmación anterior? ¿Por qué?

En las décadas recientes muchas personas le han dado demasiada importancia a los dones espirituales en la iglesia, y está bien dárselos. La Biblia deja en claro que nosotros, como cristianos, hemos sido equipados con aptitudes y habilidades específicas para servir en el cuerpo de Cristo y contribuir al reino de Dios.

Lea 1 Corintios 12.7-10. Sintetice lo que dicen sobre los dones espirituales y cómo contribuyen al reino de Dios.

Cuáles son sus principales dones espirituales?

En los últimos meses, ¿cómo ha podido usar sus dones para servir en el reino de Dios?

Cuando digo que nuestra misión como seguidores de Jesús no se basa en lo que nosotros podamos aportar, no es mi intención minimizar el valor de los dones espirituales. Lo que quiero es reconocer que Jesús y Su Espíritu son la fuente de esos dones. Como Pablo dejó en claro, nuestros dones solo tienen valor por medio de Su presencia:

Ahora bien, hay diversidad de dones, pero el Espíritu es el mismo. Y hay diversidad de ministerios, pero el Señor es el mismo. Y hay diversidad de operaciones, pero Dios, que hace todas las cosas en todos, es el mismo. 1 Corintios 12.4-6

No importa cuántos dones tengamos o cuánto nos dediquemos a la iglesia y a la misión de hacer discípulos, nada podemos lograr sin la presencia de Cristo obrando en nosotros. Y por esto es un regalo tan maravilloso que Jesús haya prometido permanecer con nosotros por medio de la presencia del Espíritu Santo:

Y yo rogaré al Padre, y os dará otro Consolador, para que esté con vosotros para siempre: el Espíritu de verdad, al cual el mundo no puede recibir, porque no le ve, ni le conoce; pero vosotros le conocéis, porque mora con vosotros, y estará en vosotros. No os dejaré huérfanos; vendré a vosotros. Juan 14.16-18

¿Hasta qué punto depende usted del Espíritu Santo mientras busca seguir a Cristo? Explique.

¿Qué obstáculos evitan que dependa por completo del Espíritu Santo? ¿Cómo puede eliminar esos obstáculos?

Cuando caminamos en la presencia de Cristo, experimentamos "a Aquel que es poderoso para hacer todas las cosas mucho más abundantemente de lo que pedimos o entendemos, según el poder que actúa en nosotros" (Efesios 3.20). Experimentamos esta realidad en nuestra vida como individuos y en nuestra iglesia.

Así que, dejemos de lado nuestros pequeños sueños. Dejemos de lado nuestras ambiciones mundanas y nuestros intentos equivocados para hacer las cosas a nuestra manera. Vamos a darle a Dios carta blanca para dirigir nuestra vida y veamos a dónde nos guía a través de Su presencia en nosotros.

Oración y salvación

Mientras caminamos en la presencia de Cristo, tendremos oportunidades para hacer nuevos discípulos de Jesús. Tendremos el privilegio de invitar a las personas a que se aparten de sus pecados y confíen en Jesús como su Señor y Salvador. Esto no sucederá debido a nuestra propia inteligencia o a nuestras habilidades de evangelismo, sino por el trabajo de persuasión que hace el Espíritu Santo.

Pero, ¿cómo podríamos encarar estos momentos de una manera práctica? ¿Qué debemos decir y qué debemos hacer cuando Dios nos da el privilegio de cosechar un nuevo seguidor de Cristo?

¿Le han enseñado a guiar a las personas por la experiencia de la salvación?

¿Se siente seguro con su método para ayudar a las personas a pedir al Señor que los salve? Explique.

La oración es una respuesta correcta y bíblica al evangelio. Cuando usted propaga el mensaje, es bueno que invite a las personas a clamar a Dios para que los salve. Al mismo tiempo, no es necesario (y a veces ni ayuda) decirle a las personas lo que deben decir para ser salvos. Si después de escuchar con claridad el mensaje completo del evangelio, las personas ven a Dios por quién es Él, a sus pecados por lo que son y a Cristo por quién es y por lo que hizo y si están dispuestas a arrepentirse y a creer en Jesús —a apartarse de su pecado y a confiar en Él como su Señor y Salvador— entonces no existen palabras establecidas que deban recitar. No existe ningún valor en pedirles que repitan ciertas palabras.

En cambio, el Espíritu de Dios conmovió sus corazones por el mensaje del evangelio y Él permite que se arrepientan y crean, que supliquen por Su misericordia y se sometan a Su majestad. Así que, anímelos a que lo hagan en ese momento. Y, en algunos casos, hasta podría ser mejor animar a las personas a estar solas con Dios para que usted —sin saberlo, sin poder evitarlo o sin intención alguna— no manipule una decisión, circunstancia o situación.

Básicamente, si usted llama a otros a someterse a la Persona de Cristo, puede confiar en que el Espíritu Santo los guiará a la salvación. De la misma manera en que usted se comprometió a depender de la presencia de Jesús como Su discípulo, permita que los nuevos creyentes dependan de Su presencia cuando elijan seguirlo.

¿Cuál es su reacción ante las afirmaciones anteriores? ¿Por qué?

Finalmente, y tal vez lo más importante, una vez que alguien se arrepiente y cree en Jesucristo, usted debe estar dispuesto a guiar a esa persona como un nuevo seguidor de Él.

RECUERDE, NUESTRO OBJETIVO NO ES CONTAR DECISIONES; NUESTRO OBJETIVO ES HACER DISCÍPULOS, Y HACERLOS A TRAVÉS DE LA PRESENCIA Y EL PODER DEL ESPÍRITU DE DIOS EN NOSOTROS.

PLAN PERSONAL PARA HACER DISCÍPULOS: CÓMO HACER DISCÍPULOS ENTRE UNAS POCAS PERSONAS

A través de este estudio he mencionado varias veces que la voluntad de Dios es que los discípulos de Cristo hagan discípulos a todas las naciones: esta es nuestra misión en este mundo. Pero también reconozco que esta misión representa una tarea desalentadora. ¿Cómo podemos, de una manera realista, esparcir el mensaje del evangelio a cada nación y pueblo del planeta?

Sin embargo, cuando lo pensamos bien, la respuesta a esa pregunta es sorprendentemente simple. De todos los hombres y mujeres que alguna vez vivieron en la tierra, Jesús fue quien exhibió más pasión por esparcir la gloria de Dios a todos los pueblos. Y, ¿qué fue lo que hizo? Invirtió Su vida en unas pocas personas. Su estrategia para alcanzar a todas las personas fue muy clara: crear hacedores de discípulos entre un pequeño grupo de personas.

Como ya hemos visto, Dios nos lleva a vivir a toda clase de lugares diferentes en el mundo. Y, sin embargo, no importa dónde vivamos y cómo nos ganemos la vida, nuestra tarea es la misma. Ya sea usted un pastor que está guiando una iglesia o una madre que trabaja en la casa, ya sea que esté en las montañas del norte de Afganistán o en las llanuras centrales de los Estados Unidos, Dios ordenó a cada discípulo que hiciera discípulos. Ningún cristiano está exento de este mandamiento y ningún cristiano jamás querría evitar esta orden.

Así que cada uno de nosotros debe mirar a su alrededor y preguntarse: *¿Cómo podré hacer hacedores de discípulos entre unas pocas personas?* Esta pregunta es vital y yo la he reducido a cuatro preguntas menores para ayudarlo a usted a hacer discípulos que hagan discípulos.

¿Cómo los traerá usted?

Hacer discípulos que hagan discípulos comienza con identificar un pequeño grupo de hombres o mujeres que estén dispuestos a hacer discípulos por cuenta propia (digo "hombres o mujeres" porque según mi experiencia es más fácil hacer discípulos con hombres por un lado y mujeres por otro, que si se mezclan los géneros). Luego piense en dos, tres o cuatro personas que Dios haya puesto en su esfera de influencia y a quienes pueda guiar para hacer discípulos.

Haga una lista de personas en su esfera de influencia que intentan vivir como discípulos de Cristo.

¿Quiénes de estos individuos estarían interesados en encontrarse con usted con el propósito de crecer como seguidores de Cristo?

No tema buscar la ayuda de Dios durante este proceso. Pídale los nombres de las personas específicas que usted podría guiar para hacer discípulos. Si tiene problemas para identificar a las personas, pídale ayuda a un pastor o al líder de su iglesia.

Cuando haya identificado a este pequeño grupo de personas, invítelos a que voluntariamente pasen tiempo con usted en los próximos días con el propósito específico de crecer juntos en Cristo.

Escriba los nombres de las personas a quienes enviará esta invitación.

¿Cómo les enseñará a obedecer?

Parte de la tarea de hacer discípulos consiste en enseñarles a obedecer todo lo que Cristo ordenó. Así que piense cómo hará esto con las pocas personas que identificó antes.

¿Qué necesita enseñar a su grupo acerca de la Palabra de Dios? ¿Qué doctrinas esenciales o pasajes de las Escrituras repasaría con ellos?

¿Cómo puede enseñar a su grupo de manera que los ayude a leer y comprender la Palabra de Dios por sí mismos?

No importan los métodos que usted elija, no se conforme con simplemente transmitirles información. En su lugar, enfóquese en ver la transformación de estos discípulos. Cuando se reúnan, pregúnteles cómo siguen a Cristo y cómo pescan hombres. Puede empezar usando los seis temas principales del Plan personal para hacer discípulos de este estudio para que lo ayuden a crear sus propios planes para ser y hacer discípulos. Estos temas pueden convertirse en su fundamento para preguntarles (y que ellos también le pregunten a usted) cómo están siguiendo a Jesús y a quién le están hablando sobre Él.

Como ya hemos visto, esta responsabilidad mutua que saturada de gracia y que nace del evangelio es esencial para ser y hacer discípulos.

¿Cómo dará a conocer a las personas que guía la necesidad de responsabilizarse por otro?

¿Cómo incluirá esa responsabilidad mutua de rendir cuentas durante su tiempo juntos?

¿Cómo será un ejemplo de obediencia?

Aquí es donde hacer discípulos se vuelve tan interesante como vigorizante. Hemos visto, en Mateo 4, que Jesús nos llamó a seguirlo. Sin embargo, una vez que hacemos esto y empezamos a pescar hombres, nos hallamos en una posición donde empezamos a guiar a las personas a seguirnos a nosotros.

Pablo dijo a los cristianos de Corinto: "Sed imitadores de mí, así como yo de Cristo" (1 Corintios 11.1). Y a los cristianos de Filipos: "Lo que aprendisteis y recibisteis y oísteis y visteis en mí, esto haced; y el Dios de paz estará con vosotros" (Filipenses 4.9). Pablo había vivido fielmente y como un discípulo obediente frente a estos creyentes y podía decir: "Sed imitadores de mí".

¿Siente que es un ejemplo digno de imitar cuando se trata de vivir como un seguidor de Cristo? Explique.

Estos versículos no implican que Pablo fuera perfecto y definitivamente nosotros no tenemos que ser perfectos para hacer discípulos. Pero si usted enfoca su vida en esas pocas personas que Dios le ha dado, ellos tienen que ver, oír y sentir la vida de Cristo en la suya. Así que invítelos a su casa. Deje que lo vean con su familia. Muéstreles cómo orar, estudiar la Biblia y propagar el evangelio.

¿Qué obstáculos le impiden contar más de su vida a otros creyentes?

¿Qué pasos puede dar para invitar con toda intención a aquellos a quienes está discipulando a vivir la vida cristiana y salir a ministrar con usted?

¿Se da cuenta cómo Dios arregló esto? Para mostrar a los demás cómo estudiar la Biblia con eficiencia, nosotros debemos estudiarla. Para ayudarlos a proclamar el evangelio, nosotros debemos estar proclamando el evangelio. Y por esto el proceso de hacer hacedores de discípulos transforma a todos los involucrados.

Hacer hacedores de discípulos prácticamente involucra mirar a estas pocas personas y decirles: "Síganme". Así que planee con intención maneras de mostrar lo que significa seguir a Cristo.

¿Cómo los enviará?

Mientras enseña los mandatos de Cristo y predica la vida de Cristo con el ejemplo, una de las órdenes de Jesús que usted está enseñando y predicando es la de hacer discípulos. El objetivo no es que estas pocas personas en las que usted se está enfocado sigan a Jesús, el objetivo es que sean pescadores de hombres.

Así que llegará el momento en que tenga que darles a estos pocos la comisión de encontrar a su propio grupo pequeño. Para entonces usted ya les habrá mostrado lo que significa hacer discípulos y los enviará a hacer lo mismo.

¿Cómo puede trabajar con el Espíritu Santo para evaluar cuándo las personas están listas para ser enviadas a hacer más hacedores de discípulos?

¿Qué medidas puede tomar para preparar a las personas para su futura comisión?

Claro que usted seguirá animando, sirviendo, enseñando, cuidando y orando por aquellos a los que ha discipulado. Pero también los liberará para que hagan discípulos al igual que usted los hizo. De esta manera su vida empezará literalmente a multiplicar el evangelio en el mundo a través de los discípulos que usted haya hecho.

Sus circunstancias y las mías son totalmente diferentes y, sin embargo, nuestro objetivo es el mismo:

DECÍDASE A DEDICAR SU VIDA A HACER HACEDORES
DE DISCÍPULOS EN UN GRUPO PEQUEÑO DE PERSONAS.

PLAN PERSONAL PARA HACER DISCÍPULOS: CÓMO ESPARCIR LA GLORIA DE DIOS ENTRE TODOS LOS PUEBLOS

El propósito eterno de Dios es salvar a las personas a través de Cristo. La clara comisión de Cristo para cada discípulo es hacer discípulos, no solo en general sino discípulos a todas las naciones y todas las razas del mundo.

Ayer usted planificó hacer hacedores de discípulos en un pequeño grupo de personas, pero eso no quiere decir que deba hacer oídos sordos al resto del mundo. No importa dónde viva, usted debe preguntarse cómo su vida puede impactar cada idioma, tribu, nación y persona del mundo. Este asunto no es para misioneros extraordinarios, este es un asunto para discípulos normales.

¿Cuál es su reacción a la afirmación anterior? ¿Por qué?

Entonces, considere las siguientes maneras en que puede ayudar a esparcir la gloria de Dios hasta los confines de la tierra.

¿Cómo orará por las naciones?

Usted y yo, de rodillas en nuestros hogares respectivos, tenemos la oportunidad de ser parte de lo que Dios está haciendo en el mundo. Así que oremos fervientemente para que venga el reino de Dios y se haga Su voluntad en la tierra.

¿Cómo orará por las naciones en sus encuentros regulares con Dios y con Su Palabra?

¿Cómo puede usar hechos de la actualidad y fuentes de información para estimular sus oraciones por todos los pueblos?

Muchas personas han tenido éxito usando una herramienta llamada *Operation World* (www. operationworld.org, sitio en inglés) como un medio para orar por todas las naciones del mundo. No importa el método que use, deliberadamente procure enfocar sus oraciones a todas las naciones en general, así como también a grupos específicos de personas del mundo no alcanzadas..

¿Qué medidas tomará para empezar a orar por grupos específicos de personas que aún no han recibido las buenas nuevas de Jesús?

¿Cómo ofrendará a las naciones?

Los investigadores estiman que los cristianos de los Estados Unidos ofrendan un promedio del 2,5% de sus ingresos a una iglesia local (creo que es probable que este sea un estimado muy generoso, pero vamos a aceptarlo).[1] Después, estas iglesias locales entregan cerca del 2% de esos fondos para extender el mensaje del evangelio a otros países. En otras palabras, por cada $100 que gana un cristiano profesante en EE.UU., se ofrendan $0.05 al resto del mundo a través de la iglesia local. Seamos sinceros: esta no puede ser la realidad de los verdaderos seguidores de Jesús.

En promedio, ¿qué porcentaje de sus ingresos entrega en beneficio del reino de Dios?

¿Qué porcentaje de los recursos de la iglesia se entrega para esparcir el evangelio a otros países del mundo?

Dios ha dado riquezas terrenales a su pueblo con un solo propósito: esparcir Su adoración por todo el mundo. Los discípulos de Jesús vivimos humildemente y ofrendamos con sacrificio porque queremos ver la gloria de Jesucristo en todas las naciones más de lo que queremos más comodidades, nuevas posesiones y más lujos.

¿Cuál es su reacción a las afirmaciones anteriores? ¿Por qué?

Como cristiano, ¿cómo sacrificará los gustos en su presupuesto para proveer para las necesidades del mundo y, en particular, la necesidad que tienen todos los pueblos de escuchar el mensaje del evangelio? Como miembro de la iglesia, ¿cómo guiará a su iglesia a terminar con los programas y las prioridades que antes creía importantes para ayudar a suplir las necesidades físicas de hermanos hambrientos y las necesidades espirituales de hombres y mujeres no creyentes en el mundo?

¿Qué está dispuesto a sacrificar para dar más de sus recursos y ayudar a difundir el mensaje del evangelio entre todos los pueblos?

¿Cómo puede asegurarse de que su iglesia invierta con sabiduría para suplir las necesidades de las personas no alcanzadas en el mundo?

Como seguidor de Cristo, planifique sacrificarse y dar para el bien de las naciones.

¿Cómo irá a las naciones?

Piense estratégicamente, con creatividad y astucia en maneras de predicar el evangelio a otros pueblos, particularmente aquellos que no se han alcanzado (o sea, que no tienen acceso al evangelio). Algunos de estos grupos han llegado a nuestro país y pueden estar en su vecindario. Así que debe pensar en formas de acercarse a ellos, ya sean musulmanes somalíes, árabes egipcios, budistas tibetanos o cualquier otro grupo.

¿Dónde se encuentran los grupos no alcanzados de su vecindario?

¿Cómo puede comprenderlos mejor y entender sus necesidades, su cultura, y su historia?

Después, piense en distintas formas en las que podría cruzar el océano e ir a las personas que necesitan escuchar el evangelio. Este podría ser un viaje corto, de una semana o dos; una propuesta más larga, de un año o dos, o un compromiso a largo plazo de una década o dos. Considere todos los caminos posibles a los que puede dedicar su vida, guiar a su familia o dirigir su trabajo para penetrar el evangelio en estos grupos del mundo porque para esto fuimos creados.

¿Qué oportunidades provee su iglesia para ayudar a las personas a ir a las naciones?

¿Cómo trabajará con el Espíritu de Dios para determinar su participación futura en la difusión del evangelio a todas las naciones?

El llamado de un rey

Somos seguidores de Jesús. Morimos a nosotros mismos y ahora vivimos en Cristo. Él nos salvó de nuestros pecados y satisfizo nuestra alma. Él transformó nuestra vida con Su verdad, suplió nuestros deseos con Su gozo y adaptó nuestros caminos a Su voluntad.

Él nos reunió en cuerpos de creyentes llamados iglesias locales para lograr una importante comisión: la de declarar Su evangelio y demostrar Su gloria a todos los pueblos del mundo.

Esta tarea nos incluye a todos. La intención de Dios es que ninguno de Sus hijos queden relegados a ser simples espectadores de la Gran Comisión. Él nos llamó, a cada uno de nosotros, a estar en la primera fila de la misión más importante de toda la historia. Cada discípulo de Jesús ha sido llamado, amado, creado y salvado para hacer discípulos de Jesús, que a su vez hagan discípulos de Jesús que hagan más discípulos de Jesús, hasta que todos gocen de la gracia de Dios y todos los pueblos del mundo exalten Su gloria.

Ese día cada discípulo de Jesús, cada seguidor de Cristo y pescador de hombres verá el rostro del Salvador y admirará el esplendor del Padre en una escena de belleza indescriptible e infinito placer que nunca desaparecerá.

ESTE ES UN LLAMADO POR EL QUE VALE LA PENA MORIR.

ESTE ES UN REY POR QUIEN VALE LA PENA VIVIR.

Lea los capítulos 8 y 9 de "Sígueme" por David Platt (Tyndale 2013).

1. Ronsvalle, John y Sylvia Ronsvalle *The State of Church Giving Through 2004: Will We Will?* [Estado de las ofrendas de la iglesia en 2004: ¿Lo haremos?], edición 16ta., Empty Tomb, Champaign, IL, 2006, p. 36.